思辨与生活

SIBIAN YU SHENGHUO

朱桂友　著

光明日报出版社

图书在版编目（CIP）数据

思辨与生活 / 朱桂友著 . -- 北京：光明日报出版社，2019.4

（名师工作室成果文库）

ISBN 978-7-5194-5295-7

Ⅰ.①思… Ⅱ.①朱… Ⅲ.①素质教育—教学研究—中学 Ⅳ.① G632.0

中国版本图书馆 CIP 数据核字（2019）第 081511 号

思辨与生活

SIBIAN YU SHENGHUO

著　　者：朱桂友			
责任编辑：宋　悦		责任校对：赵鸣鸣	
封面设计：中联学林		责任印制：曹　净	

出版发行：光明日报出版社

地　　址：北京市西城区永安路 106 号，100050

电　　话：010-63131930(邮购)

传　　真：010-63169890

网　　址：http://book.gmw.cn

E - mail：songyue@gmw.cn

法律顾问：北京德恒律师事务所龚柳方律师，电话：010-67019571

印　　刷：三河市华东印刷有限公司

装　　订：三河市华东印刷有限公司

本书如有破损、缺页、装订错误，请与本社联系调换

开　　本：170mm×240mm

字　　数：186 千字　　　　　印　　张：15.5

版　　次：2019 年 4 月第 1 版　　印　　次：2019 年 4 月第 1 次印刷

书　　号：ISBN 978-7-5194-5295-7

定　　价：68.00 元

前　言

《西游记》中有孙悟空三打白骨精的故事，孙猴子有一双火眼金睛，所以妖精再伪装也能识破。

从古至今，从东方到西方，一大批练就了火眼金睛的人，用智慧的目光注视着周围的一切，他们穿越黑暗，看透迷雾，辨真伪、明善恶，发出了一声声怒吼，使人们从昏睡中觉醒，看到真理的光芒，由此推动人类社会向前发展，人类也由此获得越来越多的自由和幸福。

信息社会时代有海量信息，如何练就一双金星火眼，使我们用自己的双眼去观察，用自己的大脑去思考，成为一个有自由和独立思想的人，这是我们成长的必经阶段，也是公民社会对我们的基本要求。

《思辨与生活》结合社会生活中各类现象，帮助大家了解思辨知识、掌握思辨方法、形成思辨品质、提高思辨能力，做一个会思考、有思想的现代人，迎接未来社会的各类挑战。

《思辨与生活》分上篇和下篇两个部分。

上篇主要介绍思辨的基本知识。第一章主要介绍思辨的特点及其在日常生活中的作用，我们将认识到思辨在促进社会进步和人的发展中所起的独特作用；第二章主要讲了一个优秀的思辨者所应该具备的基本素养，从中你将知道如何才能成为一个优秀的思辨者；第三章讲了思辨中应该坚持的基本标准，掌握了这些基本标准我们就能掌握思辨的基本技能，就能够辨别日常思考和表达中存在的很多问题和不足；第四章讲了理性在思辨中的作用及理性可能存在的不足，告诉我们要对人的理性做全面辩证的分析；第五章讲了影响思辨的主观因素，分析了情绪、社会中心、个人中心等主观因素对思辨的影响，学习了这一讲，我们就知道日常生活的思维和表达中存在问题的一些原因；第六章讲了如何分析我们日常生活中经常使用的证据，如何对证据进行甄别和分析。

下篇主要分析了思辨与我们社会生活的关系。第七章主要讲了思辨在科学发展中的作用，你会认识到没有怀疑就没有发现，就没有科学的进步，科学的发展离不开思辨；第八章分析了我们如何正确分析辨别各类新闻，分析了各类新闻背后可能存在的影响因素以及如何提高识别各类新闻的能力；第九章从广告中常用的手法入手分析了我们如何辨识日常生活中的各类广告，如何做一个清楚的消费者；第十章分析了思辨与社会政治文明发展的关系，我们会接触到一批有责任感的公民，他们怀着对社会公平正义的追求，不惜挑战威权势力，推动了人类在自由平等的大道上不断前行；第十一章从公民的含义入手，以对人们心中存在的一些疑虑分析为契机，分析了如何才能成为一个彰显公民身份和地位的合格公民，成为有尊严的公民，成为有责任感的公民；第十二章分析了思辨对人生幸福的影响，重点分析了为什么要过一个省察的人生。

帕斯卡尔说，人是一根会思想的苇草，我们的全部尊严就在于思想。思辨是思想着的人的一个重要特点，是人高贵品质的象征和标志。愿我们每一个人都有一个会思考、善于思考的大脑，成为会思辨、有思想的人。

目　录
CONTENTS

上编　思辨的基本知识

第一章　思辨及其作用………………………………………… 3

第二章　思辨素养……………………………………………… 12

第三章　思辨标准……………………………………………… 42

第四章　思辨与理性…………………………………………… 75

第五章　影响思辨的主观因素………………………………… 95

第六章　思辨与证据…………………………………………… 118

下编　思辨与社会生活的关系

第七章　怀疑与发现…………………………………………… 135

第八章　舆情斟酌……………………………………………… 149

第九章　广而辨之……………………………………………… 163

第十章　公民不服从…………………………………………… 176

第十一章　公民表达…………………………………………… 201

第十二章　过省察的人生……………………………………… 226

参考书目………………………………………………………… 237

后　记…………………………………………………………… 238

上篇

思辨的基本知识

第一章 思辨及其作用

引言

当我们缺乏自己的思考、分析、判断时，我们就会被外在的因素绑架，失去自由和独立，使你走向无法预测的地方，或许最终走向深渊。

人是会思想的高级动物，人的全部尊严就在于思想。可是，每个人都能思考会思考吗？缺少思考能力会导致什么样的后果？这是我们要研究的问题。

——

思辨问题的提出

先从一个故事说起。

艾希曼是纳粹党卫军的高级将领，曾负责犹太人之"终决方案"的策划与执行，战后被联军判为一级战犯，潜逃到阿根廷后于1961年被以色列特工逮捕，并被引渡和公审。美国著名思想家、政治理论家汉娜·阿伦特去耶路撒冷旁听了对艾希曼的公审。在旁听的过程中，阿伦特发现艾希曼并不像舆论中宣传的是极为邪恶、罪大恶极的杀人魔，反而是一个非常热爱生活、有教养的人，他酷爱音乐，对德国古典哲学有较深入研究，他觉得自己只是在执行上级命令。为什么一个有教养的人也会成为杀人魔王？

为了进一步研究这一问题，美国耶鲁大学的社会心理学家斯坦利·米尔格拉姆于1960年至1963年间进行了一项经典的实验。

米尔格拉姆在报纸广告上招人，参加一项记忆与学习的科学研究。实验者告诉参与者，该项实验的目的是研究惩罚对学习的影响，他们的任务是在学习者回答错误时对其实施电击，电击要在实验者的指示下完成。电击强度在15伏特至450伏特之间。事实上，并没有真正实施电击，但参与者并不知道这一点。

随着电击强度的不断"增加"，学习者（实际上是实验者的助手）的反应越来越痛苦，发出惨烈的尖叫声音，不断恳求参与者停止电击。然而，尽管学习者再三恳求，所有参与者在电压增加到300伏特前仍一直对学习者实施电击，仅仅是因为权威人物（身着白色实验服的科学家）要求他们继续。很明显，大多数持续实施电击的人都因为自己的行为而感到焦虑不安。然而，与拒绝继续实施电击的人们不同，他们提不出合乎逻辑的、合情合理的理由来反抗科学家下达的"实验要求你必须继续"的命令。

怎么会出现这样的结果呢？米尔格拉姆的实验结果会不会只是一个特例？

几年之后，美国海军在1971年资助了一项研究，考察人类在权威和力量对比悬殊的情境下（如监狱）的反应。该项研究在美国心理学家菲利普·津巴多的指导下进行，他挑选了心理健康且情绪稳定的学生志愿者作为参与者。实验者将学生志愿者随机分成两组，要求他们在为期两周的时间内，分别扮演模拟监狱中的看守或囚犯，实验地点就在斯坦福大学心理学系大楼的地下室。为了让监狱更加真实，实验者给"看守"配备了木制警棍，让他们穿卡其布制服，戴上太阳镜以减少与"囚犯"的眼神交流。同时，实验者给"囚犯"准备了不合身的未搭配衬衣的囚服，还有橡胶拖鞋。此外，实验者用编号来代替"囚犯"的名字。实验者没有提供给"看守"任何正式指令，只是告诉他们，管理监狱是他们的责任。

这项实验很快就超出了实验者的控制。无论是在身体还是在情感上，"囚犯"都遭到了"看守"的虐待和羞辱。三分之一的"看守"变得越来越残暴，尤其是在他们认为摄像机已经关闭的晚上。"看守"强迫"囚犯"赤手清洗厕所，在水泥地板上睡觉，并将"囚犯"单独监禁，让他们挨饿。除此之外，"囚犯"还被迫裸体，遭到性虐待——这与多年后发生在伊拉克的阿布格莱布监狱的虐囚事件非常相似。因此，斯坦福监狱实验在进行6天后就不得不取消。

从以上事例和实验可以看出，日常生活中很多人，都缺乏思考和辨析的能力，他们往往表现为：人云亦云、偏信书本、迷信权威、相信流言、易被操纵、从众心理、无条件服从上级命令。总之，他们缺少自己内心的灯塔，没有自己的思考、分析和判断及与其相关能力。

二

思辨和思辨能力

对于思辨这一概念的内涵，我国古代就有论述。《论语》中提到"学而不思则罔，思而不学则殆"，它从学习和思考的关系角度进行了论述。《礼记·中庸》看提到"博学之，审问之，慎思之，明辨之，笃行之"。南宋朱熹说，"小疑则小进，大疑则大进，群疑并兴，乃能骤进"，强调了怀疑的重要性。虽然古代哲人们没有明确提出思辨的概念，但其中论述都蕴含着思辨的意味，从中我们可以深刻领会到思辨的内涵。

思辨能力这一概念起初是从国外引入中国的，一开始专家称之为批判性思维能力，而北京外国语大学文秋芳教授认为这样翻译不恰当，并将该术语译为"高层次思维能力"，之后又将其改为思辨能力，并将分辨、反思等内容包含到思辨能力中。中国青年政治学院谷振诣教授认为，思辨能力就是思考辨析能力，其中思考就是指分析、推理、判断等思维活动；辨析就是指辨别分析，具体包括分析事物本身的状况、事物的类别以及事理等。《现代汉语百科辞典》中对思辨能力做了如下解释：所谓思辨能力是指"存在于思维活动和思维过程中的具有客观意义的辩证法以及思维本身所固有的辩证法以及能正确理解和处理整体和局部关系、现象和本质关系、发散和集中关系的能力"。

所以，我们认为，思辨能力是思维能力的重要组成部分，它具体包括逻辑、抽象和辩证思维能力等方面，它是运用科学的观点和方法对事物进行多角度、多渠道思考、辨析和分析的能力。

为什么艾希曼这样一个如此有教养的人会成为纳粹党卫军的帮凶，成为纳粹德国杀人机器中的重要"齿轮"？阿伦特给的解释是"平庸之恶"。阿伦特认为，艾希曼之所以成为帮凶，源于他是一个肤浅的、缺乏责任感的、没有思考和判断力的人，他完完全全服从于那个邪恶的德国法西斯社会，他的全部动力仅仅源于渴望在纳粹层级中得到升职，并使自己及家人过上体面的生活。阿伦特认为，平庸导致了艾希曼的罪恶。她认为，许多的邪恶来自一个人浑浑噩噩地过日子，不在乎自己的身边发生什么，也不去思考自己的行为是什么含义，不去反省自己的行为会造成怎么样的后果。就像纳粹时期的很多德国人，外表上看他们只是遵守德国既有的法律，并且把法律的条文落实到位，但是这些德国人却并不思考自己的行为到底意味着什么，而这种看似常见的不思考状态却导致了无可弥补的巨大损害。

米尔格拉姆实验中，参与实验者具备起码的科学知识，知道电压达到一定程度后会给人带来痛苦甚至生命的代价，然而在权威面前，他们只有服从，没有了分析和判断，没有了理性和思考。津巴多实验中，这些残暴的"看守"也许会在平时生活中对人是善良的、温和的，但在特定的环境下，他们却失去了人性善的一面，表现得十分狰狞可恶。津巴多实验结果显示，即便算不上大多数，但确有许多人会不假分析地服从权威的命令，如果存在社会支持和制度支持或者能诿罪于人，普通人也会做出违心之举，像艾希曼犯下令人发指的暴行，导致"平庸之恶"。

由此，米尔格拉姆得出了结论："尽管普通人只是做自己分内的工作，并不怀有特别的敌意，但仍可能成为可怕的毁灭力量的代理人。而且，即使其所作所为的危害性变得非常明显，也几乎没有人拥有反抗权威所必需的资源"。

这些人有大脑而不用来思考，没有自己独到的分析和见解。有的是受到主观和客观条件的制约无法进行正常的思维、分析和判断；有的是缺乏独立思考的习惯，遇事不动脑筋、不加分析；有的则是缺乏分析判断的技能，没有基本的思辨能力，等等。

"羊群效应"是比喻那些散乱的羊群，只要有一只羊带头动起来，其他羊也会不假思索地一哄而上，如果那只领头羊奔到悬崖边，一跃而下，跟在后头的整群羊也会跟着跳下去。不通过自己大脑思考分析的人的言行与"羊群效应"的本质是一样的。

汉代王符在《潜夫论》里写道:"谚曰:'一犬吠形,百犬吠声。'世之疾此固久矣哉!吾伤世之不察真伪之情也。"意思是说,很多人往往还没搞清楚事情的真相是什么,就人云亦云,随声附和。

与此相关的,破窗效应也好,广场效应也罢,都是缺乏思辨能力和独立人格的结果,这些都是我们日常生活中的"平庸之恶"。

三

思辨的作用

思辨对推动对社会的文明进步、对促进人的发展意义重大。

(一)新的观念在思辨中产生,新的观念推动社会文明进步

14~16世纪欧洲的文艺复兴运动,是一场反映新兴资产阶级利益和要求的、反封建反神权的思想文化运动,它孕育了一大批思想先锋和文化巨匠,促进了欧洲文化的空前繁荣,为资本主义发展开辟了道路。

18世纪的法国为世界所瞩目,在这片富饶的土地上爆发了一场资产阶级启蒙运动,出现了一大批为世人所景仰的启蒙大师。他们高举自由、平等、人权、理性的旗帜,向封建专制制度和宗教神学发动了猛烈的进攻。正是这场伟大的启蒙运动,迎来了轰轰烈烈的法国资产阶级大革命,有力地推动了欧洲进而推动世界历史的发展。

20世纪初,中国社会处在危机和风雨飘摇中,在探索和追求中觉醒了的中国人掀起了新文化运动,他们高举民主和科学的大旗,向传统和愚昧发起了挑战,中国由此找到了救国图存的正确道路。

思想是行动的先导。在思辨基础上形成正确的思想观念,是社会

进步的基本条件。

（二）思辨和理性是民主社会的标志

在民主国家中，思辨是不可或缺的。民主照字面意思来讲，是指由人民做主；它是一种政府形态，国家的最高权力由人民赋予，或者由人民直接管理，或者像大多数现代民主国家一样，由人民选举出来的官员管理。作为民主国家的公民，我们有义务详细了解国家的政策和存在的问题，这样我们才能有效地参与重要的讨论和决策。

托马斯·杰斐逊曾写道："在一个运用理性和说服而不是武力来领导公民的共和国，推理的艺术便变得尤为重要。"民主制度的目的不仅仅是通过民意测评或多数投票使人们的意见达成一致，而且还是为了保证自由讨论和持有不同观点的人进行辩论。英国哲学家约翰·斯图亚特·米尔（1806-1873）指出，真理既不是支持现状者的观点，也不是非国教者的观点，而是不同观点的融合。因此，言论自由以及无论攻击性多强的反对观点都要倾听，这在民主国家中是非常必要的。

现代民主社会的人们之间尊重差异、理解个性、和睦相处，支持人们公开讨论不同的思想观念，在论辩中统一思想和行动，从而推动社会的文明进步。

缺乏论辩则不利于社会的发展。在《攻击理性》这本书中，美国前副总统阿尔·戈尔提出，自从电视取代印刷文字成为人们获取信息的主要来源以来，参与民主过程的普通公众便开始减少。电视作为信息来源的一种方式，它主要是感染我们的基本情绪，而不需要思考和辨析讨论，从而使电视观众只能被动地接受包装好的信息和意识形态。他认为，在公众减少参与政治对话的同时，伴随而来的则是政府和有能力控制媒体的富人们权力的增大。

有较强思辨能力的人很少被错误言论或花言巧语所蒙蔽。思辨可以教你如何勇敢地反抗权力和不合理的思维，这不仅能够增进你的幸福，而且还能给整个社会带来福祉。

（三）思辨是现代民主社会合格公民的基本能力

现代社会的"公民"身份和地位与传统的"臣民"身份和地位有本质的区别。"臣民"以服从为天职，他的权利是以尊重主人的统治地位为前提的，首先要保证主子的利益才能有自己的权益。而现代社会的"公民"由不同，公民有自己的独立的权利，当然也必须履行自己法定的义务，它对社会管理和治理有知情权、表达权、参与权和监督权，他们平等地享有权利平等地履行义务。

陶行知先生说，"专制国所需要的公民，是要他们有被治的习惯，共和国所需的公民，是要他们有共同自治的能力。中国既号称共和国，当然要有能够共同自治的公民。"（出自陶行知《学生自治问题之研究》）胡适说，"现在有人对你们说'牺牲你们个人的自由，去求国家的自由！'我对你们说：'争你们个人的自由，便是为国家争自由！争你们自己的人格，便是为国家争人格！自由平等的国家不是一群奴才建造得起来的！'"。正因为如此，在现代社会中，公民参与社会生活的水平和程度直接决定了整个社会的民主化程度，从而也直接决定了整个社会的文明进步步伐。没有思辨，便不能保证自己的独立性和充分民主自由，便没有自己参与社会管理的独到见解，使没有了真正的民主，也就失去了国家社会文明进步的基本动力。（出自胡适《介绍我自己的思想》）

现代公民首先必须具备独立人格，而要具备独立人格必须不依附于外在的力量，获得精神上的自由和独立，这离不开思辨素养的培育和思维能力的提高。《思辨与生活》就是为了帮助大家学习思辨知识、掌握思辨技能、培养思辨素养、养成思辨习惯，从而培育具有独立人格的现代公民，为每个人的幸福人生奠定基础。

阅读与思考：

1. 日常生活中缺乏思辨表现有哪些表现？试举例说明。

2. 什么是"平庸之恶"？你认为导致"平庸之恶"的最主要的原因是什么？

3. 你所理解的有较好思辨能力的人具备哪些特点？

4. 思辨在社会发展中具有哪些重要性？试举例说明。

活动设计：

查阅资料、小组讨论并在此基础上分析以下问题：

1. "破窗效应"和"广场效应"的实质是什么，请说明其对个人和社会的危害。

2. "公民"和"臣民"最大的区别是什么？怎样才能成为现代民主社会的合格公民？

3. 欧洲文艺复兴运动、法国启蒙运动、中国新文化运动是如何推动人类思想和文化发展的？试分析其背景、过程和影响。

第二章　思辨素养

引言

当我们希望自己成为一个成功的思辨者前，就必须首先知道你应必备的素养。

我们知道，思辨本身并不是目的，通过思辨弄清真相、讲清道理、发现真理、追求公平正义并将它们付诸实践才是我们的目的。

然而，并不是所有的思辨者都能够坚持讲清道理、追求和捍卫真理的原则，做一个合理公正的思辨者。有些人天生不会用自己的眼睛去观察、用自己的大脑去思考、用自己的分析去判断，只会人云亦云、鹦鹉学舌；有些人故步自封、画地为牢、视野狭窄，顽固地坚持自己的一家之言，拒人于千里之外，因而远离真理；有些人天性懦弱、缺乏自信、摇摆不定，遗憾地让真理与自己擦身而过；有些人或过于自付、或情感驱使、或自我中心、或根据自己好恶过于偏私，因而有失公正，离真理越来越远，等等，这些与一个优秀的思辨者的素养相距甚远。

政治家们往往利用虚假的说辞操纵人们，为维护自己的权力和威望而说假话；功利主义者会出于一己私利而极力夸张，他们一张口人们就知道他们为什么这样说；无能的所谓专家学者会只从自己的知识构成来分析认证，"公说公有理，婆说婆有理"，看似学术争鸣，其实都是打着追求真理帽子的无病呻吟。

所以要成为一个真正公正的思辨者，真正达到追求真理捍卫真理的目的，必须具备一定的素养。这些素养应该包含以下几个方面：

——

反思质疑精神

例1：爱因斯坦是反思质疑的典范（摘自李醒民《爱因斯坦独立批判意识的当代启示》）。

在科学的世界，爱因斯坦深谙"批判是科学的生命"这一真谛。他在科学工作中经常以批判为先导，给自己开辟前进的道路。

1901年，爱因斯坦这样写道："进入人们头脑中的权威是真理的最大敌人。"在19世纪末20世纪初那个机械自然观和力学先验论的教条顽固统治的时期，他在初涉科学前沿问题时就怀疑牛顿的绝对时空观，怀疑把力学作为物理学的基础的教条。他坚定地与当时的认识论潮流（先验论、实证论等）和科学潮流（力学自然观、电磁自然观等）背道而驰，独辟蹊径，最终获得了巨大成就，发现了相对论和量子力学，打开了20世纪物理学新理论的大门。

他在批判牛顿的经典力学之后写道："牛顿啊，请原谅我；你所发现的道路，在你那个时代，是一位具有最高思维能力和创造能力的人所能发现的唯一道路。你所创造的概念，甚至今天仍然指导着我们的物理学思想，虽然我们现在知道，如果要更加深入地理解各种联系，那就必须用另外一些离直接经验领域较远的概念来代替这些概念。"

他没有陶醉于科学上的成就，他还敏锐地洞察到，缺乏人文精神的科学技术正在走向人类的反面，成为毁灭人类的刽子手。他惊呼：走向人类文明反面的科学在经济、政治、安全、伦理等方面引发诸多恶果和危机。

对此，爱因斯坦一方面呼吁科学家增强社会责任感，另一方面以艺术家的旨趣和普通公民的身份重塑科学和科学家的形象，力图在科学精神和人文情怀之间架设桥梁。

在爱因斯坦看来，自己若是对社会上不义的现状和丑恶的现象保持沉默，就等于"犯同谋罪"。面对科学技术的手段日益完善而人类社会的幸福安宁每每受到威胁的现实，他呼吁科学家和工程师，并告诫正在求学的理工科大学生，要以高度的社会责任感和科学良心，制止科学和技术的异化和滥用，使之造福于人类，而不致成为祸害。

爱因斯坦本人曾戏称自己是一个"流浪汉和离经叛道的怪人"、"执拗顽固而且不合规范的人"。他从不屈从时尚潮流和钱权诱惑，始终按自己的冷静思考和独立判断行事。他把自由看作是大自然赋予人的宝贵礼物，力主争取外在的自由，永葆内心的自由。

反思质疑是思辨的基本路径

有一则材料，联合国给全世界的小朋友出了一道题目："对于其他国家粮食短缺的问题，请你谈谈自己的看法"。

非洲的小朋友看完题目后不知道什么叫"粮食"，欧洲的小朋友看完题目后不知道什么叫"短缺"，拉美的小朋友看完题目后不知道什么叫"请"，美国的小朋友看完题目后不知道什么叫"其他国家"，而中国的小朋友看完题目后不知道什么叫"自己的看法"。

或许这只是一则笑话而已，但中国的小朋友不知道什么叫"自己的看法"基本符合实际情况，中国孩子缺乏独立思考的习惯和能力，不能不让人深思。

所谓反思就是对思考的再思考，对自己的或已有的观点、认识进行推敲、审验、评估，找出其中的偏见、错觉、妄念甚至迷信等缺陷。

所谓质疑是对事实的客观性、观念的真理性、行动方案的合理性等持有的疑问。书本上的知识、权威的观点、上级的指令、他人的意见、行动的方案、广告的宣传、流行的做法等都要采取质疑和批判的态度，不能不加质疑全盘接受。

（一）反思质疑是由人类认识的特点所决定的

任何真理性的认识都有一定的适用条件和范围，如果超出这个条件和范围，真理就不再是真理了。"三角形的内角和是180度"只适用于平面几何条件下，如果是球面的三角形就不再适用了。"日心说"在哥白尼时代是真理性的认识，当人类的视角在现代射电望远镜条件下这显然成了谬误。爱因斯坦知道，"进入人们头脑中的权威是真理的最大敌人"，正是在反思和质疑的基础上爱因斯坦发现，牛顿的经典力学理论只适用于宏观物体的运动，到了微观领域就不再适用了，因而有了相对论和量子力学的诞生，开拓了一个奇妙的新世界。反思质疑就包括对真理的适用条件和范围的不断再认识。

任何真理都是相对于特定的情境来说的，都是主观与客观的具体的历史的统一，如果我们脱离真理产生的特定情境，我们就会陷入本本主义和教条主义的错误。人既有一只手可以创造财富，人也有一张嘴要消费财富，所以在经济发展水平较低的历史背景下，国家提出了"计划生育"的基本国策，今天，随着改革开放的进一步深入，社会主要矛盾发生了变化，在"人口红利"基本丧失的情况下，国家放开了生育政策，无疑是适应了历史发展的需要。在科学技术突飞猛进的时代，人们利用它来制造大规模杀伤性武器并用于战场，爱因斯坦认为，科技进步的初衷是为人类造福的，现在却走向了它的反面，因而他大声疾呼，反对战争，反对使用大规模杀伤性武器，他是一个人文主义科学家，他是清醒的怀疑主义者和批判主义者，在那个时代也是孤独的。

人们对事物的科学合理的认识受到主观和客观因素的制约，事物本身也在不断变化发展之中，因而，我们对事物的本质及其规律的认识，对已经制定的行动计划和方案的认识也必须有一个反思质疑的过程，只有具备这样的过程，我们的认识才能更加科学合理。正是因为这一点，人类始终行走在追求真理的道路上。

所以否定一切是错误的，因为人类的一切优秀文明成果我们必须继承，但怀疑一切是必须的，因为任何认识都必须在我们的理性下得到重新审视，人类可以运用"思维的眼睛"，拨开自然和历史的云雾，寻找光明。对于真理是这样，对于日常生活中的现象和观点就更应该进行反思质疑。

（二）反思质疑是人类理性精神和思辨能力的体现

人是理性的动物，人区别于其他动物的特别之处在于人的思想。17世纪法国哲学家帕斯卡尔说，"人只不过是一根苇草，是自然界最脆弱的东西，但他是一根能思想的苇草。用不着整个宇宙都拿起武器来才能毁灭他，一口气、一滴水就足以致他死命了。然而，纵使宇宙毁灭了他，人却仍然要比致他于死命的东西更高贵得多，因为他知道自己要死亡，以及宇宙对他所具有的优势，而宇宙对此却是一无所知。因而，我们全部的尊严就在于思……"

不是活着便可以称为人的存在，如果一个人只满足于物质的满足而没有自己独立的思想，那只是行尸走肉。人类是会思想、有理性的高等动物，没有哪一种生物能够像人类一样热爱独立、自由和尊严，所以在这世界上，凡是有人类居住的地方，都有着同样含义的信念在世代流传："人是万物的尺度"，思想是人类高贵的品质，也是是一个人具有优秀、高贵品质的源头活水。

思想的表现形式是多样的，反思质疑是最起码的要求。如果我们不假思索不加分析地全盘接受一切思想观点，或者死守自己已经产生的观念，那么就丧失了反思质疑的能力，这样的人就会生活在浑浑噩噩之中，就会没有明确的方向和目标，就不知道为什么而活着，这样的人生就没有意义和价值。

（三）反思质疑是科学和社会进一步向前发展的需要

如果我们回顾人类的发展史，那无疑就是人类不断从无知蒙昧走向科学文明的历史，是一个不断探索和发现的历史。

数千年以来，科学先贤们为了摆脱观念的困扰以及扩大知识的影响所做的艰苦卓绝的工作，仿佛就是一部英雄史诗，勾起了我们的崇敬和景仰之情，也为人类的反思质疑的巨大精神力量所叹服。四百多年前，科学的作用远未像今天这样变得显明，但英国哲学家弗兰西斯·培根就提出了"知识就是力量"的口号，这是一句脍炙人口的名言。从巨大的吊车、起重机，到牵引长龙似的列车的蒸汽机、内燃机和电动车，再到一瞬间毁灭一个城市的原子武器和载人航天器，到今天的自动化和智能时代，科技的发展已经一步步向人们显示了这句名言的真理性，而这一个个科学和技术上的巨大成就，无一不是反思质疑和思维思想的成果，每一个科学和技术上的进步都蕴含着先贤的反思、质疑、智慧和汗水，而一次次的苦闷、探索、失败和坚持为我们人类上演了一个个"激动人心的发现"。

　　与人们对自然的探索一样，自从人类产生以来，人类对社会和人自身的追问和探索也从来没有停止过，甚至是一个比对自然的探索更古老的话题。大约两千五百多年前，哲学家们就在试着去理解我们所说的人类境况令人费解的荒谬感；他们想要找到造成我们忧虑、绝望、痛苦和愚蠢的根本原因，同时也想找到办法让我们可以得到最大的快乐，找到我们人之为人的意义。文艺复兴时代，人们找到了解决现实苦难的办法，提出了"以人为中心"的人本主义理论，到了近代，人们把这一思想进一步发扬光大，提出了自由、平等、博爱的思想，用人权反对神权，用民权代替君权，用自由反抗奴役，才有了"不自由，毋宁死"，"我不同意你说的每一个字，但我誓死捍卫你说话的权利"这样指引人类走向民主自由的时代强音。

　　随着时代的发展，人们进一步发现，一个个科学上的思想上的重大发现又成了人们思想观念上的新的枷锁，一个个科学和思想上的成就成了人们心目中的新的神话和迷信，成了阻碍人们进一步探索自然和社会的新的绊脚石。如果我们没有反思质疑的精神，这个所谓绝对的真理甚至会成为套在人们头上的枷锁。雷颐在《警惕真理》一文中告诉我们：如果少数人掌握了所谓的绝对真理，并以此实行对国家社会的绝对统治，那么真理就会成为少数人对大众进行思想控制和政治专制的工具。人们发现，一切以往的成就都必须重新回到我们理性的视野，这样，黑格尔们诞生了，爱因斯坦们出现了，乔布斯时代来到了，一个个新的思想和科技巨人诞生了，人类的反思质疑进入了新的时代，时代也继续向前发展，这样的脚步永远也不会停息。

　　反思质疑是思辨的基本路径。反思不是重复思考，如同借助镜子观察自己的面容一样，反思需要以换位思考所得到的看法为镜子，审查自己所知中的缺陷。"我（不）相信……，是因为……""我（不）

这样做，是因为……""理由是真的吗？""潜在的假设可靠吗？""推论合理吗？"等等，这些应该成为我们反思质疑的起码问题。

当然，反思质疑是针对观点和事实本身，如果针对是动机和目的，那就是一种情感性的反思质疑，这不是反思质疑本身，而是一种主观情感的对立。

二

开放兼容胸怀

例2：没有宽容就没有新青年（摘自熊培云《谁是新青年》）

1925年12月，北京发生《晨报》报馆被焚事件。时已成为"新青年领袖"的陈独秀对此回答竟是一个"该"字。这个态度让自由的胡适一时寝食难安。在给陈独秀的信中胡适表示，争自由的唯一原理是："异乎我者未必即非，而同乎我者未必即是；今日众人之所是未必即是，而众人之所非未必真非。争自由的唯一理由，换句话说，就是要大家容忍异己的意见和信仰。凡不承认异己者的自由的人，就不配争自由，就不配谈自由。"（《胡适遗稿及秘藏书信》，第20册）

在胡适看来，没有宽容精神的新青年就不是真正的新青年，他们注定会重拾旧势力的道路。诚如是，有同乡同人之谊的陈独秀不但无法做朋友，"简直要做仇敌了"。

无疑，胡适之于近现代中国的贡献，在于倡言精神独立与思想宽容。胡适提倡"做学问要于不疑处有疑，做人要于有疑处不疑"、"容忍比自由还更重要"。1926年5月，当鲁迅、周作人和陈源之间的论争转向彼此对骂时，胡适"怀着无限的友谊的好意，无限的希望"，致信给鲁迅、周作人和陈源："……三位这八九个月的深仇也似的笔战是朋友中最可惋惜的事……我最怕的是一个猜疑、冷酷、不容忍的社会。我深深感觉你们的笔战里双方都含有一点不容忍的态度，所以不知不觉地影响了不少的少年朋友，暗示他们朝着冷酷、不容忍的方向走。"（《胡适书信集》，上册）

如胡适所说，20年代，"不容忍的空气充满了国中"。这一切与"五四运动总司令"陈独秀等人启蒙下成长起来的"新青年"不无关系——"并不是旧势力的不容忍，他们早已没有摧残异己的能力了，而是来自一批自命为最新人物的人。"胡适所担心的是，"如果一个社会不容忍的风气造成之后，这个社会要变成一个更残忍更惨酷的社会，我们爱自由争自由的人怕没有立足容身之地了"。（《胡适遗稿及秘藏书信》，第20册）

然而，早在1915年，陈独秀在《敬告青年》一文中如此诠释个体解放与精神自由："解放云者，脱离夫奴隶之羁绊，以完其自主自由之人格之谓也。我有手足，自谋温饱；我有口舌，自陈好恶；我有心思，自崇所信；绝不认他人之越俎，亦不应主我而奴他人；盖自认为独立自主之人格以上，一切操行，一切权利，一切信仰，唯有听命各自固有之智能，断无盲从隶属他人之理。"显然，陈独秀早先的这一主张与胡适奔走呼号的自由思想不谋而合："现在有人对你们说：'牺牲你们个人的自由，去求国家的自由！'我对你们说：'争你们个人的自由，便是为国家争自由！争你们自己的人格，便是为国家争人格！自由平等的国家不是一群奴才建造得起来的！'"（胡适，《介绍我自己的思想》，1930年）

孰料，当陈独秀成为新青年们景仰的导师之时，他已自封为真理的绝对拥有者，以致当日有志同道合者拂袖而去。二三十年代，胡适偎心挂怀的是，只有每个人争自由，中国才会有自由；与此相反，陈独秀认为只有跟着陈独秀本人争自由，中国才会有真正的自由。自由迟早是要到来的，然而不容辩说。在写给陈独秀的信里，胡适坚持即使是一个常识，每个人都应有机会自己判断，而非通过强力灌输。如其所言，胡适说，"我的根本信仰是别人有尝试的自由"。

开放兼容精神是思辨的一种境界

开放就是拓宽视野、突破局限。在思考问题时，人们总是根据自己的经验、知识和已经形成的思维方式，来感知和判断眼前的事物，并以为"我的感知和判断更好"，心理学家将"我的更好"这样的认知方式称为自我中心。自我中心会限制我们观察事物的角度，排斥不同的观念和思维方式，形成认知方面的盲点，这与思辨追求真理捍卫公平正义的出发点是背道而驰的。值得注意的是，越是某个领域的权威人士，越会导致思维中的保守和狭隘，导致自我中心。

兼容就是减少分别心，对不同观点一视同仁加以接纳。兼容优于宽容，宽容是一元价值观下的宽宏大量，宽容是有限度的。兼容是多元价值观下的海纳百川，是一种气度和胸襟。

美国思维专家理查德·保罗说，人是自我中心和群体中心的动物。意思是说，人在思考问题的时候，会不由自主地站在自我的立场，或者自己所在的群体的立场。这样看问题就难免片面，难免绝对。因此，我们终其一生都要与"自我中心"与"群体中心"对抗。开放兼容就是破除自我中心和群体中心。

开放和兼容是一个问题的两个方面，只有拓宽视野、思想开放才能接触了解各种观点和思想，开放是兼容的前提；兼容是开放追求的结果，开放本身不是目的，开放的最终目的是为了吸纳各类合理的正确的思想，达到海纳百川，有容乃大的境界。开放兼容下的思想和观点方案才是合理和科学的，才能更接近事物的真相和真理性认识。

（一）开放兼容才会为思辨和探索创造条件

真理是越辩越明的。思想观念的价值，在争辩中才会显现，在实践中才能检验。"非此即彼"、"敌我分明"的观点是机械化、简单化的思维方式，"画地为牢"、"坐井观天"、门派之争、"盲人摸象"的做法结果只能导致鼠目寸光，只见树木不见森林的片面狭隘，如此，只能离真相和真理越来越远。所以胡适认为，"容忍比自由还更重要"，容忍异己阵营的不同观点，兼容不同意见，我们才有可能无限接近事实的真相获得真理性认识。春秋战国时期的"百家争鸣"促成了中华思想文化发展空前繁荣，形成了中华思想文化发展的一个高潮和高峰；明清朝时期的思想禁锢、万马齐喑、闭关锁国导致了民族空前危机，中华民族到了亡国灭种的程度，以致有识之士大声疾呼"我劝天公重抖擞，不拘一格降人才"。

（二）开放兼容才会有真正的思辨和探索

没有开放兼容的涵养，就不会有观念的开放，也不会有思想的兼容，也就不会有真理的诞生。多元表达难免会有"异质思维"，在这一过程中，我们欣赏理性平和讨论，期待闻过则喜的态度，但也不无遗憾地看到，一些人在讨论中容不下异见，相互对骂、攻讦，动辄给对方扣上吓人的帽子，用意气之争代替真理追求；一些人对待批评建言，非但不虚心听取，反而搞起了"诽谤定罪"，甚至以权力意志压制不同声音，这是理性的悲哀，也是时代的不幸。

鲁迅先生说过，辱骂和恐吓绝不是战斗。"我不同意你的看法，但我誓死捍卫你说话的权利"，这是一种胸怀，更是一种自信。那种扣帽子、抓辫子的辩论方式，"不同即敌对"的思维模式，本质上都是狭隘虚弱的表现，无助于科学研究的深入、社会和谐的构建、健康心态的形成。

所以，在这个世界上，每个人都会有"偏见"，人人都可能遭遇"偏见"。"偏见"几乎会伴随着人生之路。因此，当别人认为你是偏见的时候，不要急于否认自己；当不能接受别人的观点的时候，也不要急于给人戴上"偏见"的帽子，因为别人的"偏见"可能包含着真理的火花，开放兼容会的心态让我们拥有更多。

（三）开放兼容才能有心灵的沟通、思想的融通

以开放兼容的心态对待"异质思维"，以平和的心态对待不同群体、不同观点的意见和建议，在对话中寻求相同点，在交流中得到理解信任，我们才能最大限度地形成共识，推动思想观念的进步，促进社会的和谐共处。相对于普通民众，手握权力的当政者尤其需要这种"开放兼容"。如果说普通百姓的狭隘只是语言暴力和蛮横专断，当权者狭隘则可能带来真实伤害，比如"彭水诗案"、"文革灾难"；如果说前者的包容体现的是素质修养，后者的包容不仅是一种"雅量"，更是执政为民的需要、法治社会的要求。

"因为我们是为人民服务的，所以，我们如果有缺点，就不怕别人批评指出"（毛泽东）批评或许有对有错，甚至不乏各种偏激声音，但只要出于善意，没有违反法律法规，没有损害公序良俗，就应该以兼容的心态对待，而不能主观地归之为"对着干"。相反却应看到，在一个多元社会，尊重不同的声音和意见，既是尊重公民的表达权，也是纾解社会焦虑、疏导矛盾冲突的必然要求。

（四）开放兼容是科学和社会兴盛的推进器

一个社会越是向前发展，就越需要多样的个性表达，越需要整合各种意见形成统一意志的能力。以开放兼容的心态对待不同声音，在

"存异"中"求同",我们的社会就会避免"万马齐喑"的悲哀,就会在思想的交流碰撞中不断凝聚、升华,就越能形成科学和社会兴盛的良好局面。

（五）开放兼容是社会和谐发展的稳定器

不同声音乃至反对的意见,是执政党提高执政水平的重要资源。开放兼容,拓宽民意反映渠道,是科学决策的重要前提。开放兼容有助于决策充分反映民意,体现决策的民主性;有利于决策广泛集中民智,增强决策的科学性;能够促进公众对决策的理解,从而推动决策的实施。所以"听不到不同意见不决策",只有允许不同声音存在,才能了解掌握各方面情况,做出理性判断和正确决策。所以毛泽东同志认为"让人讲话,天不会塌下来",所以邓小平才说"七嘴八舌并不可怕,最可怕的是鸦雀无声",所以中央领导才反复强调"创造条件让人民批评监督政府"。

从一种声音到百花齐放,从千人一面到丰富多元,反映出思想的极大解放,也体现着一个社会的文明进步程度。随着开放扩大和全球化深入,传统与现代、国外与本土,不同价值观念也必然产生碰撞交锋,这是一个百家争鸣、百花齐放的绚丽灿烂的时代,这样的人越多,这样的风气越来越形成时尚,科学文化就越来越进入大繁荣大发展时代,社会也就会越来越进入和谐发展时期。

突破局限、界限,倾听多方声音、留意来自各种渠道的事实和信息、关注各种可供选择的途径和方案,对不同的思想观念始终抱着一种好奇和主动追求的态度,这是每一个优秀思辨者的应有境界和素养。

三

刚毅自信品质

例3：我不反悔！（节选自郑文光《火刑——纪念乔尔丹诺·布鲁诺》）

现在，从囚房的狭小的、隔着铁栅的窗户望进去，可以看到有几个穿着红色、黑色或白色长袍，头上戴着尖尖的高帽子的人，围在一条板凳四周。板凳上捆着一个头发又长又脏、胡子像野草、衣服破成一片片的人。在他脚下，有一锅热腾腾的油，一个穿黑衣服的人把油一勺勺地泼倒他的脚上，每泼一下，他就抽搐一下，并且发出迷迷胡胡的呻呀声。

"他在说些什么呀？"穿红衣服的人问其余的人。其中一个回答道："他说，高加索山上的冰川，也不能够冷却他心头的火焰。"

"真是魔鬼一样顽固的人！"红衣主教诅咒着，然后在胸前画一个十字，喃喃地祈祷起来："主啊，让他扔掉那些可怕的思想吧。"

乔尔丹诺·布鲁诺昏迷过去了，到晚上，他才冷醒过来，脚上像有几千把刀剜割着。铅皮屋顶的囚房，像冰箱一样寒冷。可是，他的心头是热辣辣的，有一种说不出的纷乱、恐怖而又烦躁的感觉在搅扰着他。

"不，我不反悔！"他轻轻地、坚定地说，"哪怕像塞尔维特一样被他们烧死。我认为胜利是可以得到的，而且要勇敢地为它奋斗。"

坚毅自信是思辨的品质支撑。

坚毅自信是思辨者应有的挑战传统和世俗观念的勇气，是直面困难和挫折的刚毅，是对发现真理的一种欢呼和信心。

　　人类具有一双"思维的眼睛",这双眼睛能够穿透时空的局限,分清真善美和假恶丑,从而给我们指明前行的方向。运用这双"思维的眼睛",我们就会形成自己独到的结论,这是一件令人兴奋和激动的事情,可同时也会给我们带来无穷的苦恼,因为这些独到的见解可能挑战了传统,可能与公众信念背道而驰,在这种情况下,坚持自己的观点就需要巨大的勇气和自信。

　　(一)在一定的时代背景下,思辨会对传统发起挑战

　　传统,是世代相传、从历史沿传下来的思想、文化、制度以及行为方式等。传统具有两面性,一方面,优秀的文化传统能够顺应时代和社会生活的变迁,不断满足人们日益增长的精神需求,对社会与人的发展起促进作用;另一方面,传统中又有与社会和时代不相适应的因子,阻碍社会和人的进一步发展。

　　尤其需要注意的是,传统世代相传,对人们的精神和社会生活的影响潜移默化而又持久深远,所以,通过思辨挑战传统是一件比登天还难的事情,这就需要思辨者有很大的勇气。欧洲中世纪,在神学统治世俗社会的历史条件下,作为神学统治理论基础的"地心说"成了人们根深蒂固的观念,在这样的情况下,"日心说"观点惊世骇俗,挑战了人们的思想传统和宗教情感,不但宗教界咬牙切齿极为痛恨,就连世俗的人们也难以接受,所以在《天体运行论》出版以后的半个多世纪里,日心说仍然很少受到人们的关注,支持者更是非常稀少。布鲁诺一生始终与"异端"联系在一起,他支持哥白尼日心说,发展了"宇宙无限说",这些在他所处的时代中,都使其成了风口浪尖上的人物,并为此颠沛流离,在被捕后受尽折磨,始终坚守自己的信念,用他的话说,"高加索山上的冰川,也不能够冷却他心头的火焰。"最终被宗教裁判所活活烧死在鲜花广场上。今天,布鲁诺被人们看作是近代科

学兴起的先驱者、是捍卫科学真理并为此献身的殉道士。布鲁诺用生命的代价去挑战传统、宣传"日心说"，既体现了布鲁诺捍卫真理的勇气，也体现了他的刚毅性格、对"日心说"理论的自信。

（二）思辨也会对公众思想信念和切身利益产生巨大影响

"众人皆醉而我独醒"，每一个时代总会有一批清醒的思想者，他们忧国忧民、关注社会历史发展的趋势，提出自己独到的见解，他们的思想观念往往具有独到性、超前性、引领性，他们为国家社会前途命运奔走呼号，但却很少得到人们的认同，被人们称为"异端邪说"、"疯人呓语"，有时甚至还会被"打倒在地，然后踩上一脚"。在文化大革命那个疯狂的年代，在这样一个个人崇拜盛行的年代，在十几亿人只有一个人的头脑在思考的年代，中国社会遭到了历史性的摧残。到了1976年，尽管毛泽东去世，但"文化大革命"的余毒犹存，"两个凡是"（"两个凡是"指的是"凡是毛主席做出的决策，我们都坚决维护；凡是毛主席的指示，我们都始终不渝地遵循"）依然占据着人们的大脑，在这样的时代背景下，南京大学一个年轻的哲学教授发表了《实践是检验真理的唯一标准》这篇文章，犹如石破天惊，黑夜中划出的一道长虹。文章重申了"实践是检验真理的唯一标准"这个马克思主义认识论的基本原理，强调理论与实践相统一是马克思主义的最基本原则，一个理论是否正确地反映了客观实际，是不是真理，只能靠社会实践来检验。在极"左"思潮盛行的年代，年轻的哲学教授冒着极大的风险完成并发表了这样的一篇文章，体现了一个思想者的担当、勇气，和对自身研究成果的信心。

这里，我还想介绍一位作家和生物学家，《寂寞的春天》的作者蕾切尔·卡逊。

蕾切尔·卡逊（1907-1964）在大学拿到动物学硕士学位后，受雇于美国鱼类和野生动物管理署,成为一名撰稿人。1951年她的著作《我们周围的海洋》取得了巨大的成功,这使她可以离开自己的工作,专心致力于自己的人生目标:成为一名作家。

早在1945年的时候,她就已经开始为过度使用DDT等化学类杀虫剂感到忧虑。虽然之前已经有人试图披露这些强力杀虫剂的危险性,但没有成功。蕾切尔·卡逊开始调查现有的杀虫剂影响并开始了她的研究,她的研究得到了该领域内许多科学家的支持和专业上的帮助。

《寂寞的春天》于1962年出版,立即在社会上引起了巨大的反响。一些大型化学工业公司,包括一些所谓权威和专家都对她进行猛烈的攻击,谴责她是个"歇斯底里的女人",没有资格在这个问题上发表著述。即使面临对簿公堂的威胁,卡逊也没有退缩,因为她的研究结论证据充分、准确无误,反对者们无法在她的证据中找到漏洞。《寂寞的春天》这本书改变了美国的历史进程,开启了新的环境保护运动。卡逊的勇气和对研究的信心给我们深刻的印象。

(三)公正的思辨者有时还可能否定自身的观点,否定自己,这需要更大的勇气

斯蒂芬·霍金是世界著名的物理学家。大学毕业后,他便得知自己患了肌萎缩性侧索硬化症(也叫卢伽雷氏症),这是一种致命的、无法治愈的神经系统疾病。大约有一半罹患此病的人活不过三年。在经历了痛苦和等待死亡的那段时间后,霍金并没有认输,而是重新振作起来,决定努力活出最精彩的自己。

后来,他进入研究院,结婚,并生育了三个孩子。他写道,"肌萎缩性侧索硬化症并没有阻止我拥有一个幸福美满的家庭和取得事业上的成功。我很庆幸,我的状况比通常此病症恶化得更慢一些。这也表明一个人即使再处于绝境也不能失去对生命的希望。"

最令人敬佩的是，2004年，霍金公开承认自己坚持了30年的观点是错误的，他曾经认为黑洞的引力非常大，任何物质都不能逃逸，甚至包括光在内。他带着遗憾，勇敢地承认了加州理工学院天体物理学家约翰·裴士基关于黑洞的理论自始至终都是正确的。霍金不仅认输，而且赔给裴士基原先说好的赌注——一部棒球百科全书。

（四）思辨需要刚毅自信的品质还与思辨本身的复杂性相关

思辨意味着个体会面对大量复杂的信息、意见、观点、方案，它需要你能够去粗取精、去伪存真、由此及彼、由表及里的理性分析判断，这是一个复杂的并且可能是极为痛苦的思维过程，需要勇气、刚毅和自信的品质。有了这样的品质，就可以帮助你判断在社会大众普遍接受的观点中，哪些是合理的，哪些是不合理的，并且坚定自信地坚持你所认为正确的观点和信息；有了这样的品质，我们就会坚信，我们得到的结论和信念是不完全正确的，需要我们勇敢地怀疑它们，坚定地与不正确的观点做斗争，自信地捍卫自己的分析和判断。

高水平的思维活动更需要思想坚毅，因为高水平的思维活动都包含更多的思维挑战。没有思维坚毅性，就无法克服这些挑战。数学、物理、化学、文学、艺术及其他学科领域的高质量推理都需要思维的坚毅。很多同学在一门学科的起步学习阶段就放弃了，由于缺乏思维坚毅，他们没有能够深入地思考这一学科，从而没有获得更深的见解。他们回避可能会令他们沮丧的问题，毫无疑问，最终，他们会因为无法解决生活中遇到的复杂问题而处处受挫。

（五）思辨需要刚毅自信的另一个重要原因，是它能够有力地帮助我们应对他人的反驳

他人有对我们提出质疑的权利，他们持有特定的信念，当我们挑战他们信念时，他们可能会做出反驳。很多人通过别人的观点来判断

自己，从他人的称赞中来认同自己，这些人的思想背后隐藏着对被反驳的恐惧；也有人不愿意去挑战自己所属利益群体的意识和信念，更不愿意面对自身所属利益群体的反驳。这两种形式都使我们不能勇敢自信地直面反驳。

面对各种质疑和反驳，我们应该有下列解决办法：我不会无条件认同任何信念和观点，除非你能提出我能够接受的理由。我是一个思考者，我愿意时刻跟随证据和推理的脚步，检验我的信念，并且愿意放弃那些不能被证据和理性思考支持的信念。我的真实身份是一个坚定的思考者、一个终生的学习者、一个通过建立更加合理的信念不停寻求提高自己思考水平的人，这才是一个坚毅自信的思考者应有的态度。

（六）与思维的刚毅自信相对的是思维的懦弱

具有这样品质的人害怕自己与他人的观点不同、担心自己的观点受到质疑和挑战。一旦我们通过思辨得出了与传统、公众甚至我们内心相左的观点，一些人就没有了自信，内心就会产生恐惧，有的人就会屈从于这些恐惧，放弃自己的观点。缺乏思辨的刚毅自信，我们就不敢对那些我们认为是危险荒谬的意见、信念、观点进行认真思考；当我们面对强烈冲突观点的时候，我们会感到威胁，不愿意去检查审视自己的思维，也就很难去追求公平正义；我们就不会勇敢地面对质疑，宣传、捍卫自己的观点，并为此付出代价。思辨的恐惧和懦弱，还表现在，有的人将自己的身份与观念联系起来，担心自己的身份地位受到影响；有的人囿于自己的立场，担心坚持自己的观点会影响自己群体的利益；有的人过于看重的是自己已有的荣誉，担心自己的观点与大众不符合会有损自己的良好形象，等等。

很多中学生常常因为以下两种原因而缺乏思辨坚毅自信的品质：一是本能地厌恶思辨困难，往往选择容易的事，选择最省事儿的办法，思辨的懒惰和畏惧心理导致思辨缺乏坚毅自信。二是教育的方式导致学生普遍缺乏坚毅自信品质。一些学校教育中不但很少培养思维的坚毅性，反而鼓励学生快速地完成任务。那些反应最快的学生认为是聪明的，认真、谨慎地辨析和解决问题通常得不到赞赏。这导致学生认为速度是学习中最重要的，那些没有快速完成任务的学生会认为自己没有能力、很笨或者幼稚。然而我们生活中需要解决的问题都是复杂的，因此需要勤奋、努力和扎实的思维技巧而不是反应的速度。在思维过程中专注程度将决定我们解决问题的程度。

反应较快的学生在面对困难任务时也容易放弃，因为他们自己能够快速地找到"正确"的答案，能够避免痛苦。当他们没有能够快速并且轻松地找到正确答案的时候，他们往往责备老师的题目"愚蠢"。

四

谦逊正直态度

例4："不高兴"先生要学会说理（徐贲）

读《中国不高兴》，令我想了一件事。几年前，一位在南京大学当教授的朋友对我说，中国公共理性话语危机已经严重到了非采取行动不可的程度，他想编一本给大学生用的写作课本，帮助训练他们基本的逻辑说理能力。

在国外，这种训练从初中就开始了，经过高中，再到大学，不断加强，让学生培养与他人交往时必不可少的说理习惯。且不说高中、大学教育，单以加州初中一年级（相当于中国小学6年级）学生使用的英文课本（Sharpen Up！）为例，就有"逻辑说理"和"提防宣传"的章节。帮助学生了解如何在写和读的过程中，不骗人，也不被人骗。其中许多"逻辑谬误"和"宣传手法"（带有欺骗性的说法）在《不高兴》中随处可见，这里就用这个初中课本列出的谬误举几个例子。

过度简单化："实际上，次贷危机也好，美国贸易赤字也好，说穿了，就是美国人消费得太多，生产得太少，形成了缺口。这个缺口怎么补？一是抢，二是骗。"要真如此，为什么还有经济学家主张用刺激消费来帮助尽快走出经济危机？

浮泛空论："这次金融危机体现了美国社会从上到下的全面腐朽。"美国社会真的从上到下"全面腐朽"了吗？这种不留例外的普遍概说，只要有一个反例即可不攻自破。

巡回论证："说到萨科齐的表演，他是有着明显生物性的，他的翻云覆雨，看起来有滑稽性的特点。"有生物性，所以滑稽；滑稽，所以是生物（不像人）。

虚假两分法："这几十年中，中国压根就没人，没有像样的作家，没有像样的思想家。钱锺书，韩寒，算个什么？他们被吹成这样，其实没有任何像样的原创性东西。"要么十足地"有"，要么一点"没有"，原创性真的是这么比量出来的吗？再说，《中国不高兴》的五位作者自己是不是也包括在这几十年的"不像样"人群中呢？

无凭据推理："我们处于一个长期被遮掩的真相中。中国人以最大的热情欲图拥抱西方，以最亲善的姿态告诉西方：'我们在向你们靠拢'。"有凭据吗？中国拥抱了西方的两党制或多党制了吗？接受了西方的普遍人权论了吗？

谩骂、粗口、唱衰："你看他们（读书人）或一头扎当权者怀里，或歪坐在资本家腿上，或一人一夜、被俩主儿轮包。"把人骂成"狗"或诬蔑为"妓女"，有教养吗？"奥巴马拯救不了美国"，既然"肯定没有好结果"、"注定要失败"，又何必还要去讨论呢？

不当类比:"俄罗斯就是老黄瓜没刷绿漆,美国人是老黄瓜刷了绿漆,其实在本质上都是老黄瓜,半斤八两。"国家和黄瓜没有必然的类比关系。说国家是黄瓜,又是老的,是说历史长远吗?美国不过200多年的历史,那么有5000年历史的中国呢?

从 SharpenUp!这样的初中教科书就可以看到,学校教育的一个重要部分是语言教育,不只是读写的技能,而且更是通过学习使用文字语言,养成公共说理的理性思考习惯。只有说理的社会才是正派、宽容的社会,这就需要尊重与自己不同意见的说理对方。对对手要宽容、厚道,陈述对方的论辩时应该尽量做到全面、准确、心平气和,不要一开口,就"我不高兴"、"我生气"。许多读者浑然不觉,他们虽受过教育,但缺乏基本的理性辨析能力,是不是学校教育中有了严重的疏忽和失败?

公共说理不是吵架,不是如《中国不高兴》作者们所说的,要"刺激"什么人或者要出什么气。吵架越成功,说理越失败。吵架是一种恶性激化人际意见对立的话语行为,而说理的目的则恰恰是要尽量消除人际意见对立,化解分歧。公共说理是要通过交流、说服来达到共识。公共说理是公共文明的成就,也是良好社会关系、民主政治秩序的根本条件。中国的公共说理机制还不健全,提高公共话语理性的自觉性应该成为各阶段学校教育的一个重要项目。

谦逊正直是思辨的基本要求

谦逊正直就是坦诚承认自己存在不足,并对自己的和他人的观点,特别是与自己相对立的观点一视同仁,尽量减少受自身利益、自我形象的影响。思辨不是为了在论辩中取得胜利,而是为了弄清事实真相、追求真理、实现公平正义,因而需要以平和的心态、公平讨论,去求得公正结论，这样的思辨才是公正的。平和就是要有一颗平常心，不要过分看重自己的利益和形象，才能一碗水端平，公正地看待自己和他人的观点，将自身利益和自我形象的影响降到最小。

思辨中如果缺乏谦逊正直，就会为自己的观点和做法辩护，为谋求私利寻找理由，如此，就会引起情感上的忐忑不安，理智上的强词夺理。

谦逊正直必须做到以下几点：

（一）思辨谦逊：承认并发现自己存在无知

思辨谦逊就是要认识到自己对事实和知识的掌握存在不足，避免自我中心导致的自欺欺人行为（认为自己比自己实际知识的要多）。

思辨谦逊要求我们对自己思维中可能存在的偏见和局限性有所了解；要求我们清晰地认识到自己有哪些信息是不知道的，特别是事件能够引起个体强烈情感的时候，更要知道对该事件自己有哪些不清楚的地方；要求我们不能宣称自己知道我们实际上并不知道的事情；要求我们觉察并且评估自己信念的基础，找出那些不能被正确的推理所支持的信念。

徐贲在《"不高兴"先生要学会说理》一文中，指出《中国不高兴》的作者为了证明自己的观点，不是坚持谦逊的方式，而是采用强加于人的方式，无凭据推理，浮泛空论，把问题过度简单化，让人感觉到这不是说理思辨，而是强加于人，甚至"吵架"。

思辨谦逊并不是懦弱、服从，而是摒弃自负，这是真正勇敢者和开放兼容的品质。

与思辨谦逊相反的就是思辨自负，即认为自己知道了实际并不知道的事情。思维自负的人缺乏对自欺欺人行为和观点局限性的认识，他们常常声称了解自己其实并不了解的事情。思维自负的人常常也会成为自己偏见的受害者。

现实生活中大多数人都承认自己有很多的不足，如，我们在掌握知识和事实方面存在诸多不足，我们每个人都有错误的信念、偏见、错觉。但是，不幸的是，当这些错误的信念遇到挑战时，我们都不愿意承认自己的思维是"欺骗性的"；我们总认为自己是谦虚的，但往往我们是很自负的；我们不但没有意识到自己知识的局限性，还忽视和掩盖这些局限性，这带来大量的痛苦和时间浪费。如，哥伦布"发现"北美大陆时，他相信奴役印第安人是上帝的意愿。

思辨的自负和公正是不兼容的，因为如果我们对自己判断的事情过分自信，我们就很难做出公正的判断，从而得出合理正确的结论。

思辨谦逊对成为公正的思辨者十分重要。要成为公正的思辨者，就要了解自己缺乏哪些知识，这种了解可以让我们从多方面提高我们的思维，它可以让我们认识到偏见、错误信念和不良习惯能够导致学习缺陷。能够觉察出缺点是一种优点。

（二）换位思考：从他人的角度学习理解相反的观点

换位思考就是站在他人的角度思考问题，从而真正地理解他人的观点。这就要求我们准确地再现他人的观点和推理，从他人的前提、假设和观点进行推理，从中得到一些启发，发现合理的成分。

与换位思考相对的是思维的自我中心性，即以自我为中心来进行思考。当我们从自我中心的角度进行思考的时候，我们就不能理解他人的思想、感受和情感。自我中心倾向是我们很多人的自然本性，我们大部分的注意力都集中在自己身上，只知道自己的痛苦、需要和希望都是最重要的，甚至认为他人的需要无关紧要；不会从反对者的角度考虑问题，也不会主动从那些可能改变我们自己观点的角度思考问题，使自己陷入思辨的片面性。

不能理解他人的观点，又怎能公正地对待他人呢？公正的思辨需要努力置身于他人（或者其他有知觉的动物）情景，思考他人的观点。这就需要我们尊重那些孕育出不同观点的背景和环境。人们思维的方式源于人们生活情景，源于不同的背景和情况，如果我们不能从他人的角度出发准确地理解他人的观点，我们就不能公正地证券他们的观点和信念。

我们可以尝试着从以下几个方面培养换位思考的技能：

（1）当不同意某人观点的时候，换位思考。告诉对方，"接下来的10分钟我将从你的观点出发与你谈话，如果你也能从我的观点出发进行谈话。这种方式可以使我们更好地了解对方。"确保你能够准确地表达对方的观点。

（2）在讨论的过程中，用下面的句子总结对方的谈话："你是不是想说——，对吗？"

（3）阅读的时候，告诉自己你认为作者想要说什么。这样可以使你能够正确地理解他人的观点，从他人的观点思考问题。只有这样，你才有资格评论他人的观点。

（三）思辨正直：用同样的标准评判他人和自己

思辨正直是指在思辨过程中，用同样的标准要求自己和他人。例如，在寻求证据的时候，要求对手提供证据的标准，我们自己也应该做到。我们要经常练习为他人辩护，这就要求我们承认自身思维和行动的不一致性，并识别出自身思维中的不一致。

思辨正直的反面就是思辨虚伪，是指一种不诚实、自相矛盾的思维状态。日常生活中，我们因为受自我中心的影响，因而会为我们自己不合理的思维和行动进行辩解，使之合理化；或者常常将虚伪隐藏起来，即使我们要求他人的标准更加严格，我们也认为自己是公平的；

或者声称遵守某些观念，但却常常言行不一。

假如我对你说我们两个的关系对我来说很重要，但是你却发现我在重要的事情中对你撒谎，这样的我就表现得很虚伪。在自我中心思想中，我会为我自己的撒谎行为进行合理的解释，我会为自己辩护道："她最好不知道这件事，这件事让她知道会难过，也不利于我们关系的发展。毕竟这件事也不是那么重要，不是什么大不了的事情。"当我用这样的方式合理化我的撒谎行为后，自己的虚伪行为得到了隐藏，却失去了思辨正直的公平标准。

当我们思想和行为一致的时候，当我们对自己和对他人的标准一致的时候，我们就是思维正直的。我们做到了自己承诺的，没有表面说一套，实际上却做另一套；我们要求他人做到的自己也做到了，没有用一个标准衡量他人却用另一个标准衡量自己。

很明显，如果我们用不一致的标准去评判自己和他人的思维，我们就无法公正地对待他人，虚伪的实质是不公。我们不能认识到自己思想和行为之间的不一致性，我们就不能对自己的道德问题进行合理的推理，就会为了自身的利益歪曲其他的观点。

五

自主独立意识

例5：卢梭的选择

法国思想家卢梭年轻时只身闯荡巴黎，他创作的歌剧《乡村卜师》公演后大获成功，国王观看了演出，给予很高的评价。

第二天，使臣来到卢梭的住所，宣布国王要召见他，并且要赐给他一份年金。这对于居无定所、入不敷出的卢梭来说不啻于天大的恩赐，可是谁也想不到卢梭却断然拒绝了！听一听他在《忏悔录》里所陈述的理由吧："那笔可以说是到手的年金，我是丢掉了；但是我也就免除了年金会加到我身上的那副枷锁。有了年金，真理完蛋了，自由完蛋了，勇气也完蛋了。从此以后怎么还能谈独立和淡泊呢？一接受这笔年金，我就只得阿谀逢迎，或者噤若寒蝉了。"

自主独立是思辨的前提条件

思辨的自主独立强调的是，在寻求和发现问题、探索和解决问题过程中，用自己的双眼去观察、有自己的大脑去分析、用自己的思想去判断，充分发挥理性的力量，不受外界的干扰。

（一）没有自主独立就没有思辨

不加分析的人云亦云，受利益驱动的应景式观点，受立场局限的宣教式言论无疑与自主独立南辕北辙，如此则没有真正的思辨。所以自主独立是思辨的前提条件，也是思辨的基本要求。

（二）自主独立要求思辨者坚持用自己理性的标准进行思考

"我思故我在"，思辨者因为自主独立的思考而存在，因为自主独立的判断而存在，这意味着我们用自己的眼睛去观察、用自己的大脑去分析、用自己的思想去判断，在思辨这个问题上，要相信自己的思考和判断，绝不能不加分析地接受别人的观点。思维自主的思考者在决定接受或者拒绝某观点的时候不依赖于他人，只有证据证明他人的观点是合理的时候，他们才会接受他人的观点。

（三）自主独立要求思辨者正确对待权威和书本知识

在形成观点的过程中，思辨者不是被动地接受他人的观点，而是自己积极主动地对环境和事件进行思考。他们既拒绝盲目接受权威和书本知识，又能够清醒认识到权威和书本知识存在的合理性。他们对权威和书本知识是既爱又恨，爱的是这些权威和书本知识在特定条件和环境下是正确的，恨的是这些权威和书本知识会成为人们进一步探索发现的绳索，阻碍人们思维和认识的进一步发展，所以，思辨者会以巨大的勇气提出质疑，得出自己的结论。如果我们迷信权威和书本，那么就失去了自我，也对真理的追求也就会成为空话。

（四）自主独立要求思辨者正确对待他人的观点

思辨者要仔细地建立自己的思维和行动准则，而不是盲目地接受他人提供的准则；他们不局限于常规观点和行事的方式，反对人们对社会习俗和现实的盲目接受。独立思考者努力探索有深刻见解的观点，不管这些观点是否被社会接受，他们不是任性的、顽固的、对他人的建议不负责任的，他们是自我检视的思考者，审慎地对待自己的错误和思考中的问题，他们能够自由地选择自己认为有价值的观点。

（五）与思辨自主独立相反的是思维遵从和思维依赖

无论是在科技、经济、政治、社会生活领域，在很大程度上，人们总是被动地接受社会现实，自主独立的思辨结论有时不会得到权威和大众的认可，这里往往简单地遵从社会期望的思维和行为模式。因此，大多数人在思维和行动上都是因循守旧的，像镜子一样接受周围的人的价值和信念系统，缺乏自己独立思考的能力和动力。只要人们不加批判地接受他人的文化价值观，只要人们没有经过自己分析就遵从别人的信念，人们的思维就不是自由的。思维遵从和思维依赖存在于多数人身上，即使他们接受了专业的训练，因为从众和依赖是人类人性的弱点，因此，人们会不加批判地接受学科中一些错误的实践，并且以此为基础不加批判地反驳合理的批评，不管接受了多少教育，他们依然可能被社会制度和规则所奴役，而又对这些社会规则所带来的痛苦和伤害一无所知。

另外，值得注意的是，自主独立要求思辨过程中发挥思维的主动性，但并不否认按照开放兼容原则，忠实地聆听和阅读来自不同派别的各种不同的声音，对所听到的、读到的思想和观念、根据和理由进行合理的反思和质疑，按照谦逊正直的要求进行准确的评估和判断。

（六）自主独立也不是追求标新立异

独立于现实和现存理论之外的空中楼阁式的独立思考是不存在的，独立思考需要科学的态度、严肃的探究、缜密的推论。

强调自主独立的思辨并不在于你提出了什么样的观点，而在于你提出问题的过程是否经过严肃的探索和缜密的分析，是否真正发挥了理性的自主性；不在于你坚持了或反对了什么样的主张，而在于支持或反对这一主张的理由和推论，在于你对这些理由和推论是否经过推敲、审验和评估。

阅读与思考：

1.思辨的目的是什么？试分析思辨的目的与反思质疑、开放兼容、坚毅自信、谦逊正直、自主独立这五种素养之间的关系。

2.反思质疑精神的哲学依据是什么？反思质疑对社会政治、经济、科技、文化的发展有何作用？试举例说明。

3.兼容和宽容有什么区别？思辨过程中为什么要坚持开放兼容的精神和胸怀？

4.坚毅自信的品质在追求真理中有什么重要性？坚毅自信与思维懦弱、思维自负有什么区别？

5.思维的自负有什么样的危害？试举例说明。什么是思维正直？如何才能做到思维正直？

6.如何正确对待权威和书本的观点？思维的自主独立与思维的标新立异有什么区别？

活动设计：

辩论是我们常见的一种认识活动形式，试结合具体事例研究辩论这种认识活动在提高思辨能力上的优点，并运用思辨素养的知识分析其不足。

第三章　思辨标准

引言

　　思辨能力的高下将决定一个人学业的优劣、事业的成败乃至一个民族的兴衰。掌握最基本的思辨标准是培养思辨能力的起点。

　　罗素说过："很多人宁愿死也不愿思考。"思辨能力的缺乏，是一种无知，并且是一种重大缺失，在信息爆炸的时代，思辨力从某种程度上可以决定你人生的进程。思辨力，即洞察事实真相和思考分析的能力，只有提高思辨能力，才不会轻易被他人的言论遮蔽，适应这个纷繁复杂的世界。

　　日常生活中，有的人黑白不辨，是非颠倒，美丑不辨；有的人思维混乱，东拉西扯，不知所云；有的人张冠李戴，答非所问，胡搅蛮缠；有的人蜻蜓点水，流于表面，缺乏深度；有的人坐井观天，思路狭窄，等等。这些都是缺乏最起码的思辨能力。

　　很多人都说，读贾平凹的作品，感觉有种"大象无形、大音希声"的醍醐灌顶之力，这与他作品中体现出来的较强的思辨力有关。如，谈人生，他说："做普通人，干正经事，可以爱小零钱，但必有大胸怀。"这里，"普通"中展现的是"不普通"。谈处事，他说："大事情当小事情来理解，小事情要靠拢大事情去分析。"这里，"小事"与"大事"相通。谈得失，他说："会活的人，其实懂得了两个字：舍得。不舍不得，小舍小得，大舍大得。"这里，"得"与"舍"相统一。所以，汪曾祺称贾平凹为非凡才能之人，并冠以"鬼才"之称，三毛赞贾平凹是"心中极喜的大师，灵魂深刻"。

也许有人会说，要达到像贾平凹这样的思维境界谈何容易。不错，思辨能力的提高有一个过程，但可以从基本的标准和要求做起。思维的清晰度、准确性、精确度、相关性、深度、广度、逻辑性、重要性，这是每个人都应该掌握的最基本也是最实用的标准。掌握了它们，也就掌握了评估各类社会信息的最起码的能力，也就提高了自己的思辨能力。

作为一个具有一定思辨能力的人，面对海量信息，我们应该多问自己：我清楚信息吗？信息准确吗？信息足够精确吗？所用信息相互关联吗？信息中的分析有逻辑吗？我处理的事情重要吗？我的思考在上下文中的情景中有道理吗？

下面我们具体分析这些基本的思辨标准。

———

思辨的清晰性

例1：驻瑞使馆谈游客被扔公墓事件（综合2018年9月网上相关消息）

中国游客曾先生一家三口在瑞典遭粗暴对待、被警察扔在坟场一事近日持续发酵，我国游客在境外遭到不公正待遇引起网民强烈愤慨，但随着瑞警方执法时曾先生及家人哭闹的视频片段在网上流传，又有网络媒体报道称曾先生前一天很早就到达酒店，因不肯花钱多订一天的房，赖在酒店大堂狭小的空间不走，影响酒店经营，致网络舆情出现反转，国内网友又几乎一边倒批评曾先生一家"巨婴"、"丢国人的脸"。

对于事件中以上焦点问题，津云新闻记者致电中国驻瑞典大使馆进行核实，使馆方面表示当时在接到曾先生反映的问题之后，第一时间就到事发酒店开展相关调查。为了及时回应国内网友的关切，现中国驻瑞典使馆希望通过津云新闻明确以下几方面内容：

一，曾先生到达酒店的时间为9月2日0时05分（当地时间），而非一些媒体报道的前一天傍晚时段，这一点，曾先生和酒店的反馈是一致的。

二，曾先生到达时，酒店查到了其9月2日的预定信息。

三，酒店一楼为一经营性的酒吧和餐厅，空间宽敞，设有沙发和椅子。

据悉，曾先生和家人本来就计划在斯德哥尔摩住一天，即9月1日入住9月2日离开，但因为预定时弄错日期，订单成了9月2日入住9月3日离开。结果，9月2日0点05分，曾先生一家到达斯德哥尔摩GENERATOR STOCKHOLM酒店时，酒店满房，曾先生考虑当时深夜，和父母带着行李寻找其他酒店不方便，希望能在一楼酒吧的沙发或椅子上待一段时间，并用预定的房钱抵扣这部分费用，但酒店未同意。

据国内一些媒体的报道，曾先生表示愿意为在一楼沙发和椅子上休息付费，此处的付费，指的是另行付费还是用房钱抵扣，需要进一步核实。目前可以确定的是，曾先生确实是弄错了日期，时间错后了一天。曾先生及家人在和酒店交涉过程中，有没有过激的言行，导致警方的暴力执法？中国驻瑞典大使馆领事部工作人员告诉津云新闻记者，经过核实，酒店人员表示曾先生一家并未和酒店人员有肢体冲突，也没有过激的威胁性言论，但该工作人员表示，不排除曾先生出现情绪激动大声交涉的情况。

思辨的清晰性是要求我们有针对性地、如实地、清楚地反映事物的本来情况，而不是歪曲事实、模糊表达。

在以上事例中，有几点必须弄清楚：一是是否是曾先生预订房间时自己弄错；二是如果自己弄错预订房间时间的话，想在酒店大堂过夜是否符合酒店管理要求，是否属于不正当要求；三是曾先生一家有无大吵大闹的事实；四是是否存在曾先生父母当场生病晕倒而酒店和警方仍然强化驱逐的情况；五是警方将曾先生一家强行驱逐至墓地是否符合瑞典当地执法标准，是否是瑞典警方通行常用的做法，是否只针对中国游客。一切评论必须以事实为依据。不弄清以上基本事实就谴责曾先生一家或瑞典酒店和警方的做法都是不理性的，都不符合思辨的最起码要求。

清晰性是最基本的标准。如果一个陈述是不够清晰的，我们便不能确定它的准确性和相关性。如果我们不清楚这个陈述，我们就不能对这个陈述做出判断和分析。

能够提升思维清晰性的问题包括：

★你可以详细描述那个观点吗？

★你可以讲清楚事情的来龙去脉吗？

★你可以提供更多事实佐证吗？

★你可以用另外一种方式表达那个观点吗？

★你可以给我一个图解吗？

★你可以给我举一个例子吗？

★我用自己的语言表达你刚刚说的话，看我是否弄清了你的意思。

如，有人提出："中国的教育到了最糟糕的程度"这个问题就是不清楚的。为了充分地了解这个问题，我们需要问"中国的教育面临哪些的问题？导致这些问题的原因有哪些？在这些问题中最根本的原因是什么？我们应该如何解决这些问题？"只有对这些问题进行全面、如实、客观的分析，才能正视和解决中国教育存在的问题，这才是理性和科学的态度，而不能一味抱怨和责备。

日常生活中确有不少人，不对事实进行深入细致地分析判断，不对各类信息进行比较筛选，在事实细节不清的情况下，任凭自己的主观臆断，就断然下结论或进行评论，这不符合思辨的要求，因而也就没有说服力。

二

思辨的准确性

例2：（综合2016年8-12月网上消息）2016年8月29日，美国广播新闻网民意调查显示，距离美国总统大选只剩70天，共和党候选人特朗普在全美与关键摇摆州的支持度大幅落后。据报道，美国广播新闻网综合美国7项媒体、学术机构与网络民调的综合数字，8月5日至27日之间，美国民主党总统候选人希拉里的全美平均支持度为48.3%，共和党总统候选人特朗普为42.3%，希拉里领先6个百分点。多项8月进行的民调同时显示，特朗普在关键摇摆州，例如宾州、密歇根州与弗吉尼亚州等大幅落后，佛罗里达州、北卡罗来纳州与俄亥俄州等落后幅度虽小，但选情不乐观。

2016年11月2日，离投票只剩一周，特朗普的民意支持率落后希拉里有8个百分点，分析认为，希拉里当选几成定局。

民调显示准确吗？大选结果恰恰相反，至2016年11月9日下午，特朗普已经赢得270张选举人票，铁定当选为美国总统。

思辨的准确性要求能够准确判断相关信息，而不是模棱两可，更不是是非颠倒，以讹传讹。

为什么会出现以上剧情反转的情况？因为民调显示的结果不能准确反映美国大选情况。

第一，民调是由什么样的机构进行的？倾向于特朗普的民意机构的数据与倾向于希拉里的民意机构的结果必定有很大的区别。

第二，民调的对象是否具有代表性？美国广播新闻网的民调对象为中上层白领人士，这部分人以支持希拉里为主，而支持特朗普的多为基层民众，这部分人参与民调的比例极少，必然会导致民调的代表性受到影响。

第三，即使民调具有代表性，是否说明民调支持率高的就当选？美国总统实行间接选举，由获得各州选举人票的多少决定，而各州选举人票实行"多者通吃"的原则，即一个选举人获得了该州多数民众支持则此选举人通吃这个州所有选举人票。

多数人只从民调支持率来判断，而不能准确分析美国民意支持率这一数据，因而导致美国民众和媒体误判了大选形势。

能够提升思维准确性的问题包括：

★那的确是真的吗？

★我们怎样检查那是不是准确的？

★我们怎样确定它的正确性？

一句话可能是清晰的，但不一定是准确的。如，"大部分宠物狗重超过10公斤"。这句话就不准确。

准确性要求表达出与实际事物相一致的信息。但是，人们经常用与实际事物不符合的方式呈现或描述事件，频繁地歪曲或者错误描述事件，当人们用某种特定方式看待事物的时候，这种歪曲尤甚。广告制作者经常使用这种手段以避免消费者看到它们产品的弱点。例如，实际水中包含小部分的氯和铅等化学成分，而广告陈述："百分之百的纯净水"，这则广告就是不准确的。再如所有小麦都被漂白，面包里含有添加剂，而广告表示："这是款百分之百的全麦面包"，这则广告也是不准确的。

1973年，当18岁的高中生彼得·赖利从教堂集会回到康涅狄格州迦南市的家中时，他发现母亲倒在卧室的一片血泊中，已经死去。现场惨不忍睹，而且死前还遭受过严重的性侵犯。赖利立即报了警。虽然赖利身上没有任何血迹，而且他本身也没有任何犯罪前科，但是警察仍然怀疑他就是杀人凶手。他的母亲是一个很难相处的人，经常以贬低他人取乐，即使对自己的儿子也总是恶语相向。

当被带去问话时，赖利认为如果据实以告，事实可以很快解释清楚，自己肯定会被无罪释放，所以放弃了请律师的权利。一批警察对赖利展开了轮番讯问，并不断暗示他与母亲发生了口角，怒火中烧而将其杀死。当赖利否认这一指挥时，警察不断地强迫他去挖掘自己的潜意识，试图让他找回失去的记忆。在长达16年小时的疲劳轰炸之后，赖利开始"回忆"起了一些事情，这些记忆起初还很模糊，但随着时间的推移变得清晰起来，记忆中正是他杀死了自己的母亲。又过了几个小时，已经筋疲力尽、思维混乱的赖利终于在供认状上签了字。尽管清醒之后，赖利开始对自己是凶手产生了怀疑，并提出了质疑，但在审判中，他自己签字的供认状还是成了无法推翻的证据。

最终，赖利被判一级杀人罪。直到两年后，有证据表明，谋杀案发生时，赖利在几英里之外，他不可能是杀人凶手。赖利终于被免除罪名并释放。谋杀他母亲的凶手始终没有找到。

赖利一案表明，人们应该具备基本的思辨能力，对于人命关天的刑事案件尤其如此。对证据进行全面准确的评估，对思维中的社会错误和认知错误时刻保持警惕，实事求是地分析发生的状况，避免被先入为主的观念所左右，草率地得出结论。

思辨要求仔细地倾听陈述，并且对所听到的信息的真实性和准确性进行有根据的质疑。同样的，他们也质疑所阅读内容的准确程度。思辨是关于"哪些是事实、哪些不是事实"的思考，是对描述的一种正当怀疑态度。

同时，因为我们倾向于从狭窄、自我中心的角度进行思考，要实现信息的准确性会很困难。我们自然倾向于相信自己的想法是准确的，反对我们的想法都是不准确的。当我们倾向于质疑与自己冲突的观点时，我们也就丧失了对自己早已确信之物的质疑能力。但是，要提高自己的思辨能力，我们必须要求自己准确地获得自己以及他人的观点，我们要直面我们思考中的缺陷。

三

思辨的精确性

例3：宗庆后——一个矿泉水瓶盖有几个齿？

虽然我们经常喝矿泉水，但你不会在意，刚刚拧开的那瓶矿泉水，瓶盖上会有几个齿。如果我拿这个问题考你，你一定会嗤之以鼻，因为这个问题太无厘头了。

一家电视台做了一期人物访谈，嘉宾是宗庆后。知道宗庆后的人不多，但几乎没有人没有喝过他的产品——娃哈哈。这个42岁才开始创业的杭州人，曾经做过15年的农场农民，栽过秧，晒过盐，采过茶，烧过砖，蹬着三轮车卖过冰棒……在短短20年时间里，他创造了一个商业奇迹，将一个连他在内只有三名员工的校办企业，打造成了中国饮料业的巨无霸。

关于他的创业、关于娃哈哈团队、关于民族品牌铸造……在问了若干个大家感兴趣的问题后，主持人忽然从身后拿出了一瓶普通的娃哈哈矿泉水，考了宗庆后三个问题。

第一个问题，"这瓶娃哈哈矿泉水的瓶口，有几圈螺纹？"

四圈。宗庆后想都没想，回答道。主持人数了数，果然是四圈。

第二个问题，"矿泉水的瓶身，有几道螺纹？"

八道。宗庆后还是不假思索地一口答出。主持人数了数，只有六道啊。宗庆后笑着告诉她，上面还有两道。

两个问题都没有难倒宗庆后，主持人不甘心。她拧开矿泉水瓶，看着手中的瓶盖，沉吟了片刻，提了第三个问题，"你能告诉我们，这个瓶盖上有几个齿吗？"

观众都诧异地看着主持人，不知道她葫芦里卖的是什么药。很多人赶到电视录制现场，就是为了一睹传奇人物的风采，有的人还准备了很多问题，向宗庆后现场讨教呢。可是，主持人竟将宝贵的时间，拿来问这样一个无聊问题。

宗庆后微笑地看着主持人，说，"你观察得很仔细，问题很刁钻。我告诉你，一个普通的矿泉水瓶盖上，一般有18个齿。"

主持人不相信地瞪大了眼睛，"这个你也知道？我来数数。"主持人数了一遍，真是18个。又数了一遍，还是18个。主持人站起来，做最后的节目总结，"关于财富的神话，总是让人充满好奇。一个拥有170多亿元身家的企业家，管理着几十家公司和两万多人的团队，开发生产了几十个品种的饮料产品，每日需要决断处理的事务何其繁杂？可是，他连他的矿泉水瓶盖上有几个齿，都了如指掌。也许我们可以从中看到，他是如何一步一步走向成功的。"

人们恍然大悟，场上响起热烈的掌声。

如果将你正在从事的事业比喻成一瓶矿泉水的话，你知道你的瓶盖上，有多少个齿吗？宗庆后知道，你也应该知道，如果你也想成功的话。

细节可以决定成败，细节体现了精确性，细节反映了专业精神和敬业精神，细节能够使我们的思维更精确、判断更准确。

能够使思维更精确的问题包括：

★你能给我更多细节吗？

★你能讲得更详细一些吗？

★你能描述那时的具体情况吗？

★你能提供更多在场的人员吗？

★你能提供当时的具体时间吗？

我们通常能够做到清晰、准确，但并非都能做到精确，如"张三超重了"，我们从这句话中不知道张三到底超重了多少。

精确性指的是给予他人需要的细节，以让他人理解自己表述的真正含义是什么。

当然，一些情境不需要细节。如果你问，"冰箱里有牛奶吗？"然后我回答，"是的，有的"，问题和答案对于这个情境来说，都比较精确。这个时候过于精确也是没有什么具体作用的。

但是，很多情境中，细节能够优化我们的思维。如，你朋友正在经历财政难题，他问你："现在这个处境中，我能做些什么？"因为没有足够的细节，你不能帮助他，你会问，"详细的情景是怎样的？一些可能解决问题的方法是什么？"

　　自然科学的发展经历了经验时代和精确时代。在经验科学阶段，人类的科学事业处于初级发展时期，科学发展主要依靠人的"经验"。经验从实践中来，一般以定性为特征，即很少采用精确数字描述，基本不用数学，至多也只用初等数学。经验科学一般只注重结果，而不太关注深层次的原因，即只注重"怎么样"，而不关注"为何如此"，因此，经验科学有很大的局限性。16世纪以后，人类希望更多地了解自然，更深刻地揭示自然规律，于是诞生了以微积分为代表的高等数学，从此，人们可以更加精确地研究自然现象，研究快速变化和不规则的系统，人类的科学事业进入了精确科学阶段。以烧制陶瓷为例，20世纪之前，人类烧制陶瓷属于"粗陶"和"粗瓷"，因为那时人们并不精确控制陶瓷产品中各种矿物质的含量。直到20世纪，精密陶瓷诞生，其中各种矿物质成分的百分比逐步精确量化，实现了真正意义上的所谓"化学配比"，从而使各类精密陶瓷产品的成品率高、重复性好、质量稳定。如果哪一家工业企业依然处于经验时代，那么我们可以肯定这家企业必定被时代和市场所抛弃。现代农业和工业生产中的精确性是生产经营中最基本的要求。

　　医生因为过度自信、过快做出结论，缺乏对患者病情状况和病理分析精确性，已经被认为是错误诊断的关键因素。根据美国科学医学院研究所提供的数据，美国每年医疗错误导致的死亡人数大约为44000至98000人，而在所有医疗错误中，诊断错误导致死亡率最高。医生给患者做各种各样的检查，注意分析各类细节并分析细节背后的原因，这是避免医疗事故的重要条件。

　　据报道，在刑事侦破工作中，目击者指认错误率现在已经超过50%。目击者对犯罪嫌疑人的错误指认已经成为误判产生的首要原因。2002年发生在华盛顿特区与弗吉尼亚交界处环形路的一起枪击案中，福克斯新闻频道首先报道了一名目击者声称看到犯罪嫌疑人驾驶的是一辆白色货车逃走。这条新闻播出后，相继又有多名目击者向警方证实，在其他犯罪现场也看到犯罪嫌疑人驾驶的是一辆白色货车。经过在全国范围内对白色货车的搜捕后，警察发现犯罪嫌疑人当时驾驶的是一辆蓝色汽车，而不是目击者们所说的白色货车。由于听信了这些目击错误的描述，警察在抓捕嫌犯的过程中浪费了大量时间。

四

思辨的相关性

例4：下面是一则"星期一是否适合发射火箭"的例子（摘自余党绪《说理与思辨》）

前苏联火箭总设计师谢·帕·科洛廖夫领导了79枚运输火箭的发射，在逢星期一进行的11次发射中，有7次失败。

1960年10月16日，星期一，新的运载火箭"闪电号"定于这一天发射。它应该把自动站送上火星，然而，火箭发射失败了。

"天顶号"摄影侦察设备首次发射是在1961年12月11日进行的。这一天也是星期一，火箭爆炸了。

1964年4月20日，科学家们第五次尝试发射用于月球上软着陆的小站。运输火箭爆炸了，这一天又是星期一。

1965年2月22日，星期一，无人驾驶的"上升2号"发射。飞行开始很顺利，飞船进入了轨道，但由于操作手的失误，飞船爆炸了。

谢·帕·科洛廖夫在世时最后一次发射又逢星期一，是1965年10月4日进行的，也以失败告终。

谢·帕·科洛廖夫得出一个结论：星期一不适合发射火箭。

还有一个笑话：

从前有一个人花钱买了一个县官，上任后见上司，有一段对话：

上司：贵县风土如何？

县官：本县风沙不大，尘土甚多。

上司：百姓呢？

县官：白杏不多，红杏倒不少。

上司：我不是问白杏，我是问黎庶。

县官：梨树很多，只是结的果很小。

显然，这位县官答非所问，驴唇不对马嘴。

相关性是指论据能够为论点提供有力的认证支撑，所回答的问题与所提出的问题具有方向上的一致性，如果答非所问，顾左右而言他、观点和材料不能有机统一，那么这样的思维就是无效的。

能够使思维更具相关性的问题包括：

★这个观点是怎样与问题相关的？

★它是怎样对问题产生影响的？

★这个观点是如何影响其他观点的？

★这个问题是如何与我们需要解决的问题相关的？

一个陈述可能是清晰、准确、精确的，但并不一定与争论的问题相关。陈述与论点无关联，这样的陈述是没有意义的，并且会导致很多负面影响。

星期一是否适合火箭发射？从谢·帕·科洛廖夫的经历来看，他似乎确实可以得出这一结论的推断。但能否由他自己的这些经历就证明"星期一不适合火箭发射"呢？显然不能。

首先，其他国家，其他火箭专家的发射纪录如何？进一步讲，如果全世界的火箭专家的发射纪录都显示出星期一的发射以失败居多，也还只能提出"以往的火箭发射中，星期一的发射失败比较多"的结论。

其次，除了统计的数据，我们还必须说明"星期一"这个时间与"失败"这个结论之间的内在联系（相关性）。如果不能证明和阐释这一内在联系（相关性），说明"星期一不适合发射火箭"的结论就是不科学的，草率的，经不起分析的。

在评估某个观点时，人们需要提防证实偏差的出现。证实偏差是指人们倾向于寻找支持自己原来假设的证据，拒绝与自己观点相矛盾的证据。这种倾向如此强烈，以至于当出现一些与自己深信不疑的观点相矛盾的证据时，人们会忽视甚至曲解这些证据。

在一项研究中，针对死刑是否应该废除，持支持和反对观点的人居然引用了同一项研究成果，即关于死刑是否能够起到威慑犯罪作用的研究，但是，他们通过不同的解释以支持各自的观点。如果证据不能支持自己的观点，人们会将注意力集中到研究的缺陷上面，并质疑研究的有效性，在一些情况下，甚至会有意歪曲证据以支持自己的立场。政客也会挑选有利于自己立场的证据，阅读持有相同观点的文章，听取支持自己先前信念的证据。2002年，华盛顿的美国政策制定者们宣称，有确凿证据证明伊拉克藏有大规模杀伤性武器，反映出的正是这种情况。相同的情况还会出现在一些新闻播报员和记者身上，他们对特定的事件存在着坚定的信念，往往也会犯证实偏差的错误。

日常生活中有很多认证过程，论据和论点之间存在着不相关或不完全相关没有必然性的推论。

如，一个学生的学习成绩与勤奋努力是分不开的，勤奋努力是提高学习成绩的必要条件，但勤奋努力与学习成绩优秀没有必然的联系，因为学习成绩还与学习方法、学习策略有关，学习再努力用功，但方法不科学、策略不正确学习成绩也不可能优秀；学习成绩与每个人的个性心理特点也有关系，不可能每个学生的每一个科目都适合自己的个性心理特点；学习成绩还与学习的基础有关，如果原有的学习基础薄弱，成绩的提升则需要一个过程。如果我们认为只要学习勤奋努力就行了，那么对学生的指导意义就大打折扣。

又如，一个社会的文明程度与这个社会的经济发展水平是相关的，但是不能由此认为社会的文明程度与经济发展水平完全同步。经济发展水平可以为社会文明程度的提高提供经济和物质基础，正所谓"仓廪实而知礼节，衣食足而知荣辱"，但是，另一方面，文化的发展文明程度的提高还需要人的积极主动参与，如果只注重经济的发展，不注重人的教育和文明意识文明习惯的培养，那么社会的文明程度同样会受到限制和影响。大家知道，在国人富裕后出国旅游，但国人的文明素养跟不上经济发展的步伐，所以机场大声喧哗的、景区乱写乱涂的、博物馆逃票的等很多是中国游客。正因为如此，国家提出物质文明和精神文明两手都要硬。如果我们认为经济建设搞好了，公民的文明素养自然而然就提高了，这样的结论没有必然性，因而是错误的。

当一件事与急需解决的问题直接相关，并对其产生影响时，这件事是具有相关性的。当一件事适用于我们尝试解决的难题时，这件事是具有相关性的。无关联思维会让我们思考应该搁置一旁的内容。而相关性思维由让我们的思路保持在正常的轨道上。人们的思维缺乏严谨性导致了不相关思维的产生，这让人们不知道分析真正影响问题的因素，进而不能对问题进行有效地思考。

五

思辨的深度

例5：（综合互联网消息）我们很多人都使用过"小鲜肉"这一词语，开始是用来形容颜值高、粉丝多，可是演技差的一些年轻男演员，甚至称赞身边自己喜爱年轻男士都用这个词，毫无疑问，我们都是在褒义上使用这一词。

2018年6月30日，编剧汪海林做了一场题为《影视圈20年目睹之怪现状》的讲座，把影视圈的乱象大大吐槽了一番，也对"小鲜肉"这一词进行了深入剖析，真有石破天惊之感。

汪海林分析这一不良社会倾向的危害，"如果最红的男演员是一些不男不女的人，是对我们国家审美上造成审美安全的威胁，他们可以存在，他有他的空间，但不可以给他们颁奖，不能鼓励年轻人往这方面走，他们可以是审美的补充，但不可以整个国家去追捧"这位从未素颜示人的"不老男神"，道出了当下的男性危机。

汪海林的这一分析与著名男艺人谢霆锋的观点极为一致。谢霆锋在《中国好声音》一次节目现场针对人们追捧韩国青春偶像派演员时说，"其实说实话都已经有点厌倦现在非常流行的韩流，不是说人家不好，而是说我们也应该找回我们自己，不能一直追着别人的尾巴，我非常讨厌，我觉得男生也应该找回男生应有的荷尔蒙。"

思辨的深度是指我们思考问题时能够由表及内、由此及彼地加以分析，能够透过现象看本质，而不是只从表象、表面进行分析。

当我们只是从外表和形象上追捧"小鲜肉"这一形象时，汪海林、谢霆锋从审美角度、从培养男子汉角度、从社会主流发展方向角度提出了自己的独到的观点，入木三分，使人深受启迪。我们追着"韩流"走了太远太久，把白皙清秀当作男人"帅"的标准，以至于忘了，中国的男人本来应当是什么样子。"小鲜肉"可以有，也可以"娘"，但主流的审美不能接受男人"娘"，也不能让青少年以此类形象为榜样，变成肩不能扛、手不能提，甚至丧失雄性意识的"软蛋"一代。

男人就该有男人的样子，南怀瑾先生的一段话囊括了男人气质的全部精华：临危而不惧，途穷而志存；苦难能自立，责任揽自身；怨恨能德报，美丑辩分明；名利甘居后，为理愿驰骋；仁厚纳知己，开明扩胸襟；当机能立断，遇乱能慎行；忍辱能负重，坚忍能守恒；临弱可落泪，对恶敢拼争；功高不自傲，事后常反省；举止终如一，立言必有行。

男人的美，在于阳刚，不是健美先生那种肌肉发达的硬性阳刚，而是由内心而起的，勇敢坚强的男子气。汪海林的思考是深刻的、及时的，这样的思辨也才是有价值的。

能够使思维具有深度的问题包括：

★你的答案是怎样解决这个复杂问题的？

★你是如何考虑这个问题中的难点的？

★你是如何处理这个问题中最重要的因素的？

一个陈述可能是清晰、准确、精确、相关的，但很可能是表面的——缺乏深度。

如，当你被问及如何应对毒品问题时，你回答，"对毒品说不"。这个长久以来用于禁止青少年使用毒品的宣传口号，虽然清晰、准确、精确，并具有相关性，然而却缺乏深度。它仅仅将社会中存在毒品这一极其复杂的问题表面化。这个问题并未从历史、政治、经济、心理或其他重要角度来探讨毒品成瘾的因素。

当我们进入一个问题的里层时，我们需要深入地思考，确认问题中固有的复杂性，并以积极主动的思考应对这些复杂性。但是我们要意识到尽管我们能更深入地思考、能更好地应对这些复杂性，我们仍然也会发现问题难以解决，不要因此气馁，因为只有我们能够识别并确定问题的复杂性，我们的思维水平才能获得明显的提升。

一个有能力的思辨者的思考是深刻的，他们：对自己的基本信仰和价值观有深刻的见解；能够抓住自己思维和情绪的根本；确保自己的信仰和理性的基础；了解思维、感受和行动背后的深刻动机。

六

思辨的广度

例6：语文课本用"姥姥"，"外婆"为啥不高兴（选自《钱江晚报》作者：戎国强）

汉语的丰富性之一就是方言的丰富多样。各地的方言携带着各地的风土人情，用一个词语代替各地的方言，学生就无从感受汉语之美了。

上海人为了"外婆"和"姥姥"争起来了。争什么呢？首先，争叫"外婆"而不叫"姥姥"的权利，然后是替"外婆"争得普通话语汇中的一席之地，把"方言"这顶帽子甩给"姥姥"。

这场争议是由一篇课文引发的。沪版小学二年级语文课本中有一篇课文，叫《打碗碗花》；说的是"我"小时候和外婆采打碗花的趣事。这篇散文很早就被选入人民教育出版社出版的语文课本，文中的外婆还是外婆，但是到了上海版的教材里，"外婆"改称"姥姥"了。祖祖辈辈叫惯了"外婆"的上海人自然不习惯。

　　有消息说，这是因为"外婆"被定为方言，不属于普通话语汇；随后上海教育出版社回应称，这是为了落实该学段识字教学任务的需要。

　　那么，《打碗碗花》这篇课文里的"外婆"是否应该改为"姥姥"呢？个人意见是：不改为好。《打碗碗花》是一篇散文，是文学作品。作者写自己的童年生活，其中有对自己外婆的描写——习惯的称呼是情感的载体，换一个从来没有使用过的陌生的称呼，情感联系就被割断了。随意改动称呼，对作者的情感不够尊重；也是不懂文学为何物的结果。

　　一般认为，"外婆"是南方人习用的称呼。但是，《打碗碗花》的作者是西安人，长期在延安地区工作，可见陕西也不是全都称"姥姥"的。"打碗碗花"也不是南方独有，这种花在全国各地广有分布。

　　即使"姥姥"具有普通话语汇的地位，是否要把课文（作品）中的"外婆"全部改成"姥姥"呢？既不必要，也不应该。这样做，既是对文学审美的伤害，也会把丰富多彩的汉语变得单调。汉语的丰富性之一就是方言的丰富多样。各地的方言携带着各地的风土人情，用一个词语代替各地的方言，学生就无从感受汉语之美了。语言是构成传统文化的重要内容，学习语言，并不是仅仅记住并会使用它就够了，还要能够了解语言所携带的地理、历史等信息，通过学习语言，可以让学生具体感受传统文化的丰富多样。

　　以"外婆"为例，这个称呼之所以要冠之以"外"，因为"外"的释义之一，就是指母亲、姐妹或女儿方面的亲戚。《说文》："外，远也。"这是说，相对于父系来说，母系是疏远的，是"外人"。民间有一传统，兄弟分家，要请舅舅作中间人，就是因为"舅舅"是母系方面的人，没有利害关系，适合作中间人。

　　在现代汉语的框架里面，也没有必要把"外婆"和"姥姥"分个高低主次出来。我们可以这样认为，"外祖母"是现代汉语的一个书面语词汇，而"外婆"和"姥姥"都是其"方言版"，这样可以避免不同方言区的人们为"外婆"或"姥姥"争夺"正宗"地位而伤了和气。文学作品是用"外婆"还是"姥姥"，应以尊重作者、尊重原作为原则。

有关方面回应质疑时说，《现代汉语词典》第六版称"姥姥"、"姥爷"是普通话语汇，而"外婆"、"外公"是方言。手头只有《现代汉语词典》第三版，其中并没有对"外婆"和"姥姥"做出这样的区分。不知道第六版这样做依据何在？

思辨的广度，亦即看问题的视野要开阔，眼界要高远，不能坐井观天、闭目塞听、盲人摸象。

从《语文课本用"姥姥"，"外婆"为啥不高兴》一文中我们可以看出，沪版小学二年级语文课本中《打碗碗花》一文，只从普通话的角度，而丢弃了更为宝贵的文化视角，把"外婆"改为"姥姥"是多么的不合时宜。

能够使思维更广阔的问题包括：

★你需要考虑另一个观点吗？

★是否存在另一种方式看待这个问题？

★从保守的角度看待这个问题会怎么样？

★从宽容的角度看待这个问题会怎么样？

一连串的问题可能是清晰、准确、精确、有相关性、有深度的，但却可能缺乏广度，缺乏考虑问题的开阔视野。

如，你我同处一室，我喜爱大声播放音乐，这惹恼了你。问题是：我应该在我们共同的房间里播放音乐吗？当我设身处地地考虑你的观点，并理智地进行移情，从你的角度出发时，我会意识到把我的音乐强加给你是不公平的。如果我不能设身处地地为你着想，我便不会改变自己自私的行为。

我读到过一篇短文：《最可怕的监狱不是集中营，而是你的大脑》，其部分内容是：

　　请想象一下，假设你是一个战俘。进集中营的第一天，你面前站着一个满脸横肉的看守，狞笑着告诉你："这是一个想死很容易、想活下去很难的地方，我会亲自告诉你活着有多难"。接下去的每一天，你都要忍受饥饿、病痛、威胁、殴打、甚至关禁闭，没有任何医疗设施，生死由命。你认为用什么策略可以存活下去？

　　也许你会说，我要用乐观抵抗这一切。我每天安慰自己，这都是暂时的，战争很快就可以结束了。很抱歉，这种策略可能会让你崩溃得更快。

　　詹姆斯·斯托克代尔因为高级军官的身份，在战俘营受到了特别的"优待"，但他竟然挺过了长达七年半的战俘生活，奇迹般地活了下来。有人去采访他，问他为什么能坚持下来？

　　他说："因为我有一个信念，相信自己一定能出来再见到我的妻子和孩子，这个信念一直支撑着我。"看来，乐观很重要。

　　采访者继续问，"那你的同伴中，最快死去的又是哪些人呢？"

　　斯托克代尔回答说："是那些最乐观的人。"

　　采访者晕了，到底要乐观还是不乐观呢？

　　斯托克代尔说："太乐观的人，总想着圣诞节可以被放出去了吧？结果圣诞节没被放出去；然后他们又想复活节可以被放出去了吧？结果复活节也没被放出去；再想着感恩节，而后又是圣诞节，一个失望接着一个失望，他们逐渐丧失了信心，郁郁而终。"

　　这就是著名的"斯托克代尔悖论"：想活下去，你一定要乐观；但是太乐观的话，你就活不下去了。既要认清生活的真相，又要在认清之后热爱生活，这样的积极乐观才是存活下来的思维模式。"斯托克代尔悖论"告诉我们，要从两个方面来分析问题，否则就不会有"活下去"的信心和希望。

扬恒均在《崛起了怎么再谦虚》一文中说，"作为一个小国，一个弱国，或者一个心智不那么成熟的国家，民众动不动就上街抗议外国政府，甚至把自己的国旗插到外国的领土上去享受一把自由的权利，地球上并不少见。可如果是一个崛起的大国，动不动就要以牙还牙，要上街抗议他国，宣誓要断绝关系、发动战争，等等，又会如何呢？这样的国家是否能够真正崛起，显然是一个问题。因为世界上很多国家，他们不会接纳一个这样崛起的大国。一个大国的心态可不是在会议室里就能商量出来的，也不是能够装出来的，它是这个国家所持有的价值观念的真实反映。一个国家所持的价值观念决定了这个国家在处理国际关系上的行动。如果一个国家在国内对自己民众实行专制，听不得一点点不同意见，那么它在国际上也很难做到公平、公正，尊重他国权利与容纳异议。"

《崛起了怎么再谦虚》的作者告诉我们，一个国家的崛起不仅仅是经济上的，还有文化上的，价值观上的，文明程度上的等等。我们的视野要更开阔。

无论是保守主义、自由主义，还是左派、右派，它们都深入到问题中去，但仅仅展现问题的一个方面，所以这些结论都具有片面性。

人们频繁地重复着思维狭隘的错误，原因是多方面的：教育的限制、先天的社会中心、本性中的自私、自欺欺人以及思维上的狂妄自大。把那些与我们相左的观点看成对我们构成威胁，与把反对观点看成审判自我观点的动力相比忽略反对观点要容易得多。

当我们从不同相关的角度思考问题时，我们就在用广阔的方式进行思考。如果有多种不同的观点都与问题相关，而我们却忽略了这些观点，没有尝试从其他可选择性的观点来看待问题，这就是目光短浅、思维狭隘的。

七

思辨的逻辑性

例7：欧绪弗洛困境：对不一致的无知（选自 [美国] 霍普·梅《苏格拉底》）

欧绪弗洛的父亲有一个奴隶，在酒后争吵中杀死了另一个奴隶。为了阻止他造成进一步伤害，欧氏的父亲把他绑起来，堵上嘴巴，并投入沟中；与此同时，派人到雅典请教神巫如何处置此人。

在等待消息的过程中，那个奴隶死于沟内。因为这个缘故，欧绪弗洛控告他的父亲谋杀他人。苏格拉底对欧氏的做法表示怀疑，要求他必须想清楚控告自己父亲的行为是否正当，以免触怒诸神。为了证明自己行为的正当性，欧绪弗洛在论辩中表明他相信下面4个命题：

（1）起诉我的父亲是神圣的。

（2）诸神都同意欧绪弗洛控告他父亲这件事情是神圣的。

（3）奥林匹斯诸神之间彼此争斗，互相欺骗，相互为敌。

（4）关于何种行为是公义或不公义、神圣或不神圣等问题，诸神之间存在分歧。

从欧绪弗洛所持有的信念（3）和（4）出发，苏格拉底推出如下信念：

（5）关于欧绪弗洛起诉自己的父亲谋杀这件事情，诸神之间并没有一致的看法。因此，欧绪弗洛必须相信，某些神灵并不认为他起诉自己的父亲这件事情是公义或神圣的。这与他的信念（2）不一致。

逻辑性是指在思辨中注重分辨概念、判断，并在此基础上进行符合逻辑的推理。

苏格拉底认为，欧绪弗洛没有分辨开下面两个问题：一项行为是神圣的是因为诸神喜悦它，还是诸神喜悦一项行为是因为它是神圣的？苏氏和欧氏都同意诸神喜悦一项行为是因为它是神圣的，而这表明，欧氏确实相信：神圣的本性不依赖诸神对它的喜悦！因此，欧氏本人的观点中隐藏着逻辑的不一致。可以把这种无知称为"对不一致的无知"。当苏格拉底通过从对方的信念中推出逻辑矛盾来反驳对方时，他必定已经认识到了矛盾律的作用：理性思维中不能允许逻辑矛盾，尽管他对矛盾律尚没有给予清楚而明确的表述。

从以上事例可以看出逻辑的力量和逻辑的作用。苏格拉底用逻辑的方法证明了欧绪弗洛的看法是不正确的。

能够使思维更有逻辑性的问题包括：

★这些组合起来后具有逻辑吗？

★这个真的是有道理的吗？

★这是根据你的诊所推理出来的吗？

★如何从证据中得出这样的推论？

★之前你提到过那个，但现在你又在说这个。我不明白两者如何能够同时成立。

在演绎推理中，如果前提是真的，则结论不可能假。这种逻辑关系的性质被称为演绎的有效性。对演绎推理的有效性可能产生的困惑是：是什么原因使得这种推理只要前提真，结论就不可能假？这里所说的不可能是什么意思？

我们会浮现一个大胆的假设：有效推理的结论是否有可能只是在重复前提中隐含的某个主张？如果真是这样，就可以揭开演绎有效性的神秘面纱。在这种情况下，承认前提再否认结论，就等于通过否定结论而否定了前提，导致自相矛盾的陈述，而自相矛盾的陈述是不可能真的。至少前提中的某一部分的含义就是结论的含义。正因为如此，为避免自相矛盾，承认前提为真就必须承认结论为真。苏格拉底对欧绪弗洛"对不一致的无知"正是这个道理。

复杂的演绎推理的结论可能是令人吃惊的，尽管这些结论早已蕴含在前提之中。在这样的推理中，这些结论"隐藏得如此之深"，若不借助逻辑分析和演绎法，根本无法看到其中的"新"的内容。有人说，数学的历史主要就是根据前提导出有效结论的方法的发展史。演绎推理的威力不可小视。

在思考过程中，我们会按照一定的顺序进行思考。当按这些顺序进行的思考能够相互支持并能结合得有意义时，那么这样的思维就是有逻辑的。而当按这些顺序进行的思考并不想到支持，在某种意义上自相矛盾或根本没有意义时，那么这样的思维则不具有逻辑性。因为人们通常无法意识到自己的冲突信念，因此，在人类的生活和想法中发现不一致是很容易的。

一个成熟的有能力的思辨者的思考一定是有逻辑的，他们经常分析事物的逻辑、综合分析多个理由和证据、保持高度的一致性。

八

思辨的重要性

例8：辽沈战役是解放战争中具有决定意义的三大战役之一。毛泽东全面分析了敌我双方的情况后认为，虽然攻打锦州比攻打长春、沈阳要困难得多，但先攻占锦州是夺取这一战役胜利的关键。因为锦州是通向关内的咽喉，是东北敌人撤回关内的唯一通道，这里的敌人消灭了，就可以把东北的大门堵死，关起门来歼灭东北的国民党军队，形成关门打狗之势，这就为之后进行的平津战役创造了条件，也为和平解放北平创造了条件。如果主攻方向放在沈阳、长春，一旦东北形势吃紧，蒋介石就会把东北的兵力通过锦州调到华北，这样就增加了平津战役的难度，北平的和平解放也就会成为一句空话。攻打锦州的决策，是在分析了全国战场的形势后，站在全局的高度，做出的最为重要的和正确的决策，辽沈战役的胜利以及后来平津战役的发展进程充分证明了这一点。

思辨中关注最重要的内容，就是抓住问题的关键、重点，并集中力量解决这一关键或重点，这就为复杂事物的解决创造了条件。如果主次不分，甚至主次颠倒，复杂问题的解决就会更加困难，或者最终解决不了。

能够提升思维重要性的问题包括：

★我们需要明确的问题中最重要的信息是什么？

★这个事实是如何在情境中发挥重要性的？

★这些问题中的哪一个是最重要的？

★这些观点或概念中的哪一个是最重要的？

思考问题时，我们要能关注问题最重要（与问题相关）的信息，并且考虑最重要的观点或概念。但通常来讲，我们并没有意识到要关注的问题中的重要信息。尽管许多观点与问题相关，但它们并非具有同等重要性。我们经常没有提出重要的问题，仅仅被表面的、无足轻重的问题所困住。

在大学中，很少有学生关注重要问题。例如，一个受到教育的人意味着什么？我需要做些什么来成为受过良好教育的人？相反，学生们关心的只是：如何在测验中获得优秀成绩？发表一篇文章要求多少页？我怎样做才能让老师满意？

《钟南山传》（叶依钟著）介绍了钟南山不顾上级指示对外披露非典（传染性极强的疾病）真相的传奇往事。

2003年春季，中国从北京到广州，非典疫情在全国扩散。当时的情况是：疫情还在蔓延；隔离治疗的人员急剧增加；医护人员的防护没有到位；大批大批的医务人员倒下；病原体还没有找到……

疫情是全人类的事，需要全人类携起手来共同对待。世界卫生组织极为重视，世界卫生组织官员伊文斯在广州调查情况后到北京听取中国政府关于疫情的报告，在这个交流会上，伊文斯及其一行，得到了代表中国政府的相关负责人所发布的"正面"消息：我们的疫情得到了控制；医务人员的防护已经到位，病原体被找到了……伊文斯以为是真实的情况，对此很是欣慰。

可是现实情况真的是这样吗？作为一线的医疗专家，钟南山把这一切看得很真切，他忧心不已！

第二天按计划照常开另一个新闻发布会，这次比第一天规模小，会场上大约有70多人。记者主要来自日本、中国香港和台湾地区。虽然规模小了，但是记者的发问显然比第一天攻势更加凌厉。会议一开始，就有几名记者进行发问，而且提出的是和第一天同样的问题，很显然，这些记者对第一天从相关负责人那里得到的答案并不满意，感觉到与现实存在反差。

钟南山认识到，无论从作为一个科学家和医生应该有的责任感，还是从挽救更多病人的生命，都必须把实际情况公之于众，他说"什么现在已经控制？根本就没有控制！"

整个会场一片哗然。

他这门"大炮"开了腔，他的一位朋友坐在旁边，不由得擦了一把脑门上的冷汗。钟南山继续开口说话，整个会场霎时间安静下来："最主要的，是什么叫控制？现在病源不知道，怎么预防不清楚，怎么治疗也还没有很好的办法，特别是不知道病源！现在病情还在传染，怎么能说是控制了？"

他掷地有声地扔出了一句话："我们顶多是遏制，不叫控制！"

当疾病在祖国大地肆虐的紧急时刻，在全国人民的生命安全遭受极大威胁的关键时刻，在全球关注的记者招待会上，钟南山舍弃了自己的一切，说出了最重要的一句话，向全世界宣布了作为一个有良心医务工作者最负责任的一句话，引起了国家最高领导人的高度重视，如此才有后来举全国之力、借世界之力扼制非典疫情的雷厉风行的行动，使疫情得到有效控制并最终消灭。最复杂的情况下做最重要的事情，钟南山的名字从此家喻户晓，他也成为良心的代名词，成为战胜疫情的最重要的医务工作者。

一个优秀的思辨者在复杂情况下知道什么是最重要的事情，而不是眉毛胡子一把抓，主次不分甚至主次颠倒。

九

思辨的公正性

例9：1945年，如果没有那两颗原子弹的轰炸，二战绝对不会这么快就结束，为什么这么说呢？当时日军虽然已经处于下风，一直被盟军打得节节败退，可是日本并没有选择放弃抵抗，并且还执行了"玉碎"计划，准备殊死抵抗，绝不投降。虽说日本战败是大势所趋，但在当时盟军还是很头疼的，因为这意味着要付出很惨痛的伤亡。

如果盟军非要用武力攻陷日本的话，损失肯定也会十分惨重，这怎么算都是不合算的，所以美国就决定向日本投放原子弹，日本也就成了目前唯一一个被原子弹轰炸的国家。

当年如果没有爱因斯坦等一批科学家给美国提研制原子弹计划的话，可能到二战结束美国还未能拥有原子弹这一新型的武器，爱因斯坦等人之所以选择帮助美国研制原子弹，主要是害怕德国先掌握了这一技术，那对世界来说将会是灭顶之灾，所以爱因斯坦等科学家研制原子弹的目的并不是为了用于轰炸，而是为了牵制德国。

这些科学家深知原子弹的威力，可当德国投降时，爱因斯坦等人才发现德国原子弹研制的计划还处于初期阶段，他们也就放心了，于是就准备停止研制原子弹的计划，可此时原子弹已经快要研制完成了，他们的劝说根本没有用。

当爱因斯坦知道美国要向日本使用原子弹时，他联名众多科学家写信给时任美国总统的杜鲁门，劝告他放弃这一计划，杜鲁门看到信后什么也没说，只问了两个问题：

1. 因为这场战争，前线战士的伤亡是多少？

2. 如果不投放原子弹，继续战斗下去，又会有多少战士牺牲？

这两个问题问得科学家们哑口无言，陷入了沉默之中，可这并非代表他们同意这一计划，当爱因斯坦得知日本被轰炸时内心十分懊悔，晚年再提及此事，他曾不止一次表示："早知如此，我宁愿当一辈子的修表匠"。

从爱因斯坦的角度出发其实是可以理解的，因为原子弹的威力太大，有了第一次就会有第二次，将会造成更多人的伤亡，作为发明者他肯定会感到内疚。

思考问题时，要做到思维公正。思维公正意味着在情境中公平地思考，根据推理论证得出结论。

从开始提议美国政府制造原子弹并为美国原子弹的研制做出了非凡的不可或缺的贡献，到战争后期反对美国政府使用原子弹，都源于爱因斯坦等科学家维护世界和平和人类公平正义的价值追求。

之所以提出思维公正，是因为人类思维中存在自欺本性。例如，我们经常自欺：当我们拒绝相反观点（并不因此不能追求我们自私的利益）、追寻非公正的目标、为谋求自己的私利甚至不惜伤害他人时，我们还常常认为自己的思维是公正的。

确保公正性的问题包括：

★我是根据证据做出的判断吗？

★我考虑了其他可能的证据了吗？

★这些假设合理吗？

★考虑到我行为的意义，我的意图公正吗？

★我解决问题的方式公正吗？或者，我既定的利益会妨碍我从另一个观点考虑问题吗？

★我合理地使用概念了吗，或者我有没有使用概念损人他人（来谋求自己的私利）？

让我们思考一个非公正思维造成对相关事实进行忽略的例子。如，克里斯蒂和艾比住在一起。克里斯蒂性情冷淡，而艾比性情火热。入冬进，艾比喜欢开着房间的窗户，而克里斯蒂喜欢紧闭窗子。艾比坚称窗子紧闭让她感到极其不适。她在言辞中使用的信息全部是她自己的观点，即她感到热，关窗对她健康不利，并且如果克里斯蒂感到寒冷，可以穿一件毛衣。艾比的思维是不公正的，她没有从克里斯蒂的观点思考支持克里斯蒂的信息，因为这样做意味着艾比将会对开窗做出一些让步。她持有的观点并不合理、公平。

我们再分析一下有关是否在设立"离婚冷静期"的同时设立"结婚冷静期"的讨论。

2018年9月，民法典各分编草案提请第十三届全国人大常委会第五次会议审议，婚姻家庭编中新增关于"离婚冷静期"的规定，"自婚姻登记机关收到离婚登记申请之日起一个月内，任何一方不愿意离婚的，可以向婚姻登记机关撤回离婚申请"。准确地说，法律草案中"离婚冷静期"的规定主要指向登记离婚，但是在司法实践中，诉讼离婚中的"离婚冷静期"已经不是一件新鲜事。据不完全统计，"离婚冷静期"这一举措至少已经出现在8个省份的多个地方基层法院审理离婚案件的实践中。其中，河南、上海、四川安岳三地均较早实施这一举措，并且已发布相关统计数据，强调"离婚冷静期"措施的良好效果。

那么问题来了：为什么"离婚冷静期"在司法实践中被推崇，并可能出现在正式法律文本中，而"结婚冷静期"没有人提出进入法律？

尽管我们选择性地支持"离婚冷静期"，但"离婚冷静期"和"结婚冷静期"的内在逻辑是一致的。婚姻自由是婚姻法的基本原则之一，但自由并不是无限制的，所以主张设立"离婚冷静期"的人认为这是对离婚自由的合理限制。因为离婚登记手续过于简便，轻率离婚的现象增多，不利于家庭稳定。简而言之，就是"离婚冷静期"旨在维护婚姻的稳定。我们暂且不论这种论述的说服力，但这种逻辑完全可以主张法律规定"结婚冷静期"，因为生活中草率结婚的概率与冲动离婚的概率相差无几，为了维护婚姻的稳定，规定"结婚冷静期"让人们慎重选择进入婚姻也不无道理。因为两者都是在维护婚姻稳定的意义上限制个人的婚姻自由，因此厚此薄彼似乎说不通。

当然，如果我们换一种思路试试，人们的认识不同是否因为个人在离婚和结婚阶段存在有不同的地位和责任，因此法律会采取不同的措施？现代婚姻法强调对个人意志的尊重，但是这种尊重会因为个人的地位有所不同。缔结姻缘也是两个人的结合，不许任何一方对他方加以强迫或任何第三者加以非法干涉，所以我们反对包办婚姻和买卖婚姻，禁止父母的干涉。但是在离婚阶段，两个人的分开可能涉及到作为第三方的子女，还会涉及到共同财产的分割，还会涉及到父母的赡养等。因此，个人在结婚阶段有更强的独立和更多的自由，而在离婚阶段则存在更多对子女和家庭的责任，这反映出婚姻当事方个人地位和角色的改变。在此意义上，我们可能更能接受"离婚冷静期"，但不强调"结婚冷静期"。

我们并不是主张"结婚冷静期"应该写入法律，而是借此反思"离婚冷静期"入法的正当性。对这两个制度的选择，与我们的婚姻理念、传统文化和个人的家庭责任观念有密不可分的关系，如何判断这些因素在制度设计中的权重，需要立法上更为充分的权衡和论证，如此，也才符合思辨公正性的要求。

只有遵循开放兼容的原则，兼听各方的意见和建议，了解各方的利益和诉求，这才是一个优秀思辨者所应该具备的思辨品质。

阅读与思考：

1.思辨的基本要求就是查清事实，没有事实的清晰就没有思辨。什么是思辨的清晰性？思辨清晰性的基本要求是什么？

2.思辨的准确性与清晰性有什么区别？思辨的准确性在思辨中具有怎样的作用？试举例说明。

3.思辨的精确性与准确性有什么区别？试举例说明精确性在思辨中的作用。

4.什么是思辨的相关性？思辨的相关性有哪些具体要求？日常生活

中，违背思辨相关性要求的常见形式有哪些？

5.什么是思辨的深度？思辨缺乏深度会导致什么样的结果？思辨缺乏尝试有哪些表现形式？

6.思辨在什么情况下广度是必不可缺的？思辨的广度与思辨质量之间存在怎样的关系？

7.思辨的逻辑性对于说"理"具有怎样的重要性？你能举出日常生活中缺乏逻辑性的具体事例吗？

8.思辨的重要性强调的是什么？思辨的重要性与思辨的深度有什么区别？思辨的重要性在日常生活表达中的重要性是什么？

9.思辨的公正性的内涵是什么？思辨的公正性与思辨的目的、思辨的开放兼容精神、谦逊正直精神有什么关系？

活动设计：

分组收集日常生活中不符合思辨相关基本标准的事例，并说明它们在思辨中产生了怎样的后果。

第四章　思辨与理性

引言

人类是一件多么了不起的杰作！多么高贵的理性！多么伟大的力量！多么优美的仪表！多么文雅的举动！在行为上多么像一个天使！在智慧上多么像一个天神！宇宙的精华！万物的灵长！

——莎士比亚

维克多·雨果说，人是二元的，有兽性，也有灵性。另有句老话，叫作"人一半是天使，一半是野兽"。对待这句话，可以有多种不同的解释，我们不妨把这些话理解为人既有理智的、理性的、克制的一面，也有不自觉的、动物本能的、盲目的一面，它从一定意义上说明人的思维活动的两翼：理性和非理性的。这里说的理性是指人的逻辑思维、科学思考，而非理性则指人的直觉、意志（欲望）、本能、情绪、信仰等，两者是有区别的。同时，人的思辨和意识活动是理性与非理性的统一。

本章主要介绍理性的特点以及与理性相关的思辨活动应该注意的几个方面的问题。

一

理性和理性精神

西方自古希腊起就发展出了鲜明的理性精神，它是西方哲学的起点。柏拉图认为，人由三部分组成：理性、灵魂、肉体，其中理性是三者中最高贵的、不朽的部分。古希腊的哲学，即"爱智慧"，是对知识、对理性的追求，毕达哥拉斯的数、柏拉图的理念、赫拉克利特的"逻各斯"、欧几里得几何、德谟克利特的"原子"等都是对世界本原的追究。

文艺复兴时期，理性更是成为最高的法官，是向传统宗教神权、封建专制宣战的有力武器，理性精神再次成为主导性原则，思维着的理性是衡量一切的标准。

近代哲学则把纯粹理性推向了极致，他们认为，理性是作为宇宙之本原和世界之灵魂，是世界客观的秩序原则。

西方哲学强调以理性的力量维系着人的价值与尊严，认为人是理性动物，只有人有能力进行纯粹的认识活动。这种崇尚理性的精神，使得人们在认识世界和改造世界的过程中，形成了活泼自由地进行创造的进取精神，造就了张扬人的个性、重视人生价值的人文精神。

崇尚理性是人类文明进步的原动力。在理性精神的推动下，人类在文学艺术、哲学思维、科学理论、发明创造等领域取得了一个个文明成果，经济、政治、文化、哲学、科学、技术等一步步走向兴盛。

人是万物的尺度，世间一切都要放在人的理性之下进行审视，崇尚理性是人类的本质特征。也正因为如此，思辨离不开理性的光辉，思辨需要人类理性精神。

思辨中的理性精神是指尊重现实、研究实际、重视实证，并在一定价值观的指导下，运用概念、判断、推理等理性思维工具，对事物进行比较、分析、判断等，从而得出合理、科学结论的说理和思维方式。

简单地说，理性就是讲理。讲什么理呢？这个"理"的首要条件就是尊重事实，如果无视客观事实，那就不能说是讲理；其次，理性就是思考、辨析，没有依据一定逻辑法则的分析也不能叫讲理。

所以，理性的讲理的过程，就是分辨事实真相的过程，就是依据逻辑法则分析、认证、推理的过程，所以理性很大程度上不仅仅是一个结果，也是一个考察、辨识、思维的过程。

二

理性第一个特点是尊重事实

例1：当伽利略还是比萨大学学生的时候，就对亚里士多德的运动理论深表怀疑。亚里士多德认为，在落体运动中，得的物体先于轻的物体落到地面，而且速度与质量成正比，这种看法在经验中确实可以找到证据，例如，一切羽毛就比一块石头后落到地面，但是也不难找到反例，比如一个同样大小的铁球和木球从等高处下落，几乎无法区分哪一个先落下。

1590年，近代物理学之父伽利略在比萨斜塔上做了"两个铁球同时落地"的实验，得出了重量不同的两个铁球同时下落的结论，从此推翻了亚里士多德"物体下落速度和重量成比例"的学说，纠正了这个持续了1900多年之久的错误结论。关于自由落体实验，伽利略做了大量的实验，他站在斜塔上面让不同材料构成的物体从塔顶上落下来，并测定下落时间有多少差别。结果发现，各种物体都是同时落地，而不分先后。也就是说，下落运动与物体的具体特征并无关系。无论木制球或铁制球，如果同时从塔上开始下落，它们将同时到达地面。伽利略通过反复的实验，认为如果不计空气阻力，轻重物体的自由下落速度是相同的，即重力加速度的大小都是相同的。（摘录自吴国盛著《科学的历程》第198页）

（一）尊重客观事实

在近代科学的开创者行列里，伽利略最为突出：是他创造并示范了新的科学实验传统、以追究事物之量的数学关系为目标的研究纲领，以及将实验与数学相结合的科学方法。正是他的工作，将近代物理学乃至近代科学引上了历史舞台。

伽利略最先倡导并实践实验加数学的方法，但他所谓的实验并不是观察实验，而是理想化的实验。伽利略的研究程序分为三个阶段：直观分解、数学演绎、实验证明。面对着无比复杂的自然界，我们首先要通过直观隔离出一些标准样本，将这些样本完全翻译成数学上容易处理的量，然后由这些量通过数学演绎推出其他一些现象，再用实验来验证这些现象是否确实如此。正是在这一点上，伽利略当之无愧成为近代物理学之父。

伽利略的研究方法被一代代科学工作者传承下来，也正是因为一代代科学工作者本着伽利略研究方法，"大胆地假设、小心地求证"（胡适），才有近代以来科学的兴盛和发展。

大胆怀疑、尊重事实、重视推理，这就是伽利略的科学研究法，体现了理性的作用和力量。

承认客观事实是理性的前提。物质是不依赖于人的意识并能为人的意识所反映的客观实在，客观事实不以人的主观意志为转移，它是我们思辨的起点，尊重客观事实才是一种理性和科学的态度。思辨最基本的要求就是认识客观事实、弄清客观状况、注重客观细节。一切宗教、迷信都与理性思维背道而驰，不顾客观事实的主观臆断、受非理性支配的情绪化倾向等都是我们必须杜绝和反对的思维方式。

所以，思辨和科学研究一样，必须要摈弃一切主观色彩，全面、客观、准确地了解客观事物的本来面目。

例2：1900年，英国物理学家瑞利根据经典统计力学和电磁理论，推出了黑体辐射的能量分布公式。该理论结果在长波部分与实验比较符合，但在短波部分却出现了无穷值，而实验结果是趋于零。这部分严重的背离，被称之为"紫外灾难"（紫外指短波部分）。面对这样的困境，尽管大学感到困惑，但科学家们没有退缩，随后，德国物理学家普朗克采用拼凑的办法，得出了一个在长波和短波部分均与实验相吻合的公式。但该公式的理论依据尚不清楚。不久，普朗克发现，只要假定物体的辐射能不是连续变化，而是以一个整数倍数跳跃式的变化，就可以对该公式做出合理的解释。普朗克将最小的不可再分的能量单元称为"能量子"或"量子"。当年12月14日，他将这一假说报告了德国物理学会，宣告了量子论的诞生。（摘录自吴国盛著《科学的历程》第441页）

（二）正视客观困难和问题

"在科学的道路上没有平坦的大道，只有不畏艰险沿着陡峭山路向上攀登的人，才有希望达到光辉的顶点。"马克思的这句话告诉我们，在困难面前，我们要相信事实、承认事实，勇敢地面对困难，这才是正确的态度，也才是理性的精神，普朗克发现量子论是这样，无数的科学成就的取得都是这样。

客观现实是纷繁复杂的，也是变化万千的，而人的认识水平和认识能力却是有限的，认识工具也会受到时代的限制，因而，人类在科学研究过程中要得出一个真理性的认识是相当困难的，必然会遇到许多挫折、波折、失败，甚至毁灭性的打击，这是对人类理性精神和理性能力的考验。面对各种困难和挫折，我们要做的只能是坚定信心、分析原因、做更加艰苦细致的探索和研究工作，这是人类探索发现中需要的另一个方面的理性。

直对客观现实是理性的表现，它要求思辨者丢弃一切幻想和胆怯，坚定、坚决、勇敢地直面遇到的一切现实问题。

例3：1580年，近代第一个真正的天文台在丹麦的维文岛建成，著名天文学家第谷从此在此工作了近二十年，期间，第谷利用当时最先进的观测技术，广泛、系统、细致、精确地观测并记录形象，达到了那个时代的最高水平。1600年，德国天文学家开普勒受第谷邀请整理观测资料。一接触到第谷无比丰富的天象资料，开普勒从前构造的美妙的宇宙体系便显得漏洞百出。在第谷身边，开普勒学会了重视并处理大量的天文观测资料，在第谷观测的基础上，开普勒继续寻找他的宇宙秩序。经过紧张艰苦的归纳、整理、试探，开普勒先是发现了火星绕太阳的运动半径单位时间扫过的面积是一个固定的数值，进一步，1609年，开普勒发表了《以对火星运动的评论表达的新天文学或天空物理学》，阐述了他对火星运动规律的发现，这就是开普勒第一定律和开普勒第二定律。1618年，开普勒出版《哥白尼天文学概论》公布了他所发现的第三定律。（摘录自吴国盛著《科学的历程》第194~195页）

（三）探索客观规律

人们经常比喻，平常人只看到苹果落地，但牛顿却从苹果落地中发现了万有引力规律。事实上，科学研究不会也不可能像我们说的这样简单，这个过程中付出多少艰辛和努力是常人难以想象的。

以开普勒发现的三大定律为例，开普勒研究离不开第谷多年精心观察天体保留下的大量资料，也正是在第谷的大量观测资料条件下，开普勒发现了自己从前的美妙构想漏洞百出；开普勒整理第谷留下的观测资料也绝不是一件容易的事，哪些是相关的、哪些是不相关的，哪些是真实的、哪些是虚假的，这里有一个去粗取精、去伪存真的艰辛分析过程；在构建新理论的过程中，必须提出自己的假设，必须对各种假设进行分析推理论证，必须透过事物的表面现象去认识事物的本质，这里有一个由此及彼、由表及里的探索发现过程。

所以，没有第谷的天文观测资料就没有开普勒的三大定律，没有开普勒的潜心研究，也没有开普勒天文学上的巨大成就。理性精神就是一种专注精神、一种持之以恒的精神、一种踏实进取的精神，它告诉我们：研究客观对象是理性的升华，它要求思辨者杜绝一切虚浮和急躁，探索、发现隐藏在现象背后的本质和规律。

三

理性的第二个特点是注重思辨分析

例4：在阿瑟·柯南·道尔爵士的侦探故事《银色马》中，大侦探夏洛克·福尔摩斯运动他异于常的人逻辑推理能力破获了一起关于一匹银色赛马失踪，赛马驯养师约翰·斯特拉克之被杀的悬疑案件。

赛马"银色火焰"被圈养在金斯皮兰马厩，在它失踪后，人们在高马厩400米远的地方找到了负责它的驯养师斯特拉克的尸体，斯特拉克的头骨被巨力砸碎。案件发生后，当地警察局为了找到失踪的赛马，在周围的荒野和附近的梅普里能马厩进行了大规模的搜索，结果一无所获。

在与此案有关的所有人员进行谈话并收集所有证据后，福尔摩斯断言"银色火焰"还活着，而且就藏在梅普里通马厩，尽管之前的搜查并没有发现什么线索。

福尔摩斯说，"现在，假设在悲剧发生的当时或者在悲剧发手后，这匹马脱缰逃跑，它能跑到什么地方呢？马是群居类动物。依照其天性，它要么回到金斯皮兰马厩，要么跑到梅普里通马厩去了。它怎么会在荒原上乱跑呢？即便是如此，它一定会被人看到的，——它不是在金斯皮兰就是在梅普里通，现在不在金斯皮兰，那一定在梅普里通。"

结果证明，福尔摩斯的推断是正确的。失踪的赛马果然在梅普里能，它的鼻子被掩盖住了，从而躲过了上一次的搜查。

福尔摩斯还通过演绎推理破获了驯马师的"谋杀"案。他从马厩的工人那里得知，在银色马被"偷走"的时候，负责看门的狗并没有叫。福尔摩斯由此推断，带走银色马的一定是看门狗非常熟悉的人，这就排除了陌生人作案的可能。福尔摩斯又对其他人进行了调查，并一个个排除了每一个人的嫌疑，最后只剩下那匹马。他推断银色驯马师斯特拉克其实是一个坏蛋，在他后中发现的那把精密手术刀其实是他用来伤害赛马的工具，他在马的后踝骨肌腱上轻轻地划一道，使马出现轻微跛足，从而输掉接下来的比赛。结果他在行使丑陋勾当时发生了意外，被马踢死了。"斯特拉克将马牵到一个坑穴里，在那里点起了蜡烛，可是蜡烛突然一亮，马受到了惊吓，出于动物的特异本能预感到有人要加害于它，于是它便猛烈地抬起蹶子来，铁蹄子正踢在了斯特拉克的额头上"。（摘录自 [美国] 朱迪丝·博斯著《独立思考》

第201~202页）

对于历代的侦探小说爱好者来说，福尔摩斯已经成为擅于推理的代名词。

运用理性法则即逻辑法则对事物进行思辨分析是理性的重要内容。

（一）概念是思辨的最基本元素

如果概念不统一，出现概念歧义或偷换概念的情况，就会导致思维的混乱。经常出现概念歧义或有意偷换概念的情况，需要我们注意辨析。

如果一个概念有两种或两种以上的解释，但我们在使用时只利用其中一种含义，或者不确定使用其中哪一种含义，这样就会产生概念歧义。概念歧义不符合思辨标准中正确、准确、精确的要求，这需要我们思辨中加以注意。

偷换概念就是把一件事物的本来意义用狡辩的手法换成另外一种看起来也能成立的解释，混淆是非把假的搞成了真的转移对方的注意力，以达到某种目的。中国的成语："偷梁换柱""以假乱真""混水摸鱼""顾左右而言他"似乎都多少表现了偷换概念的那种意境。

（二）从判断看

一事当前，先问（辨）真假，再断（辨）是非，再说（辨）利害。先问真假是事实判断，澄清事实；"再断是非"和"再说利害"是价值判断，要求我们做是非判断和利害判断。而现实生活中往往真假混杂、是非不清、利害交叉，这就要求我们判断中要辨真假、断是非、看利害。

曹林在《时评写作十讲》中说，"最应该警惕的就是符合你愿望的谎言，符合你想象的假消息。当一种传言非常符合你的愿望，或某个消息非常符合你的想象时，你要警惕了，有人在利用你的弱点。作为以理性为分为工具的评论人，一定要有"一事当前，先问真假"的理性，不能让自己偏爱消费冲突的弱点轻易被别人操纵和利用。"我觉得很有道理，我们在思辨中应该保持高度警惕。

（三）从推理看

经常会出现不相关谬误（指一个或多个前提在逻辑上与结论不具有相关性）或包含无理假设的谬误（如果你的论点中包含一个论据不足的假设，那么你的推论可能就是谬误）。如，"警官，不要给我开超速罚单。我今天真的很倒霉，我发现我今天被同事欺骗了。"这里被同事欺骗与超速罚单没有相关性。

在日常生活中，我们的表述要符合最基本的逻辑法则，这就要求我们对概念、判断、推理进行思考辨析。

四

要站在理性的高度对事物进行分析

例5：2009年闹得沸沸扬扬的北京外国语大学香水女生事件。一个北外女生，在网上发帖，说自己因为在博客中写文章批评教育制度而遭到学校报复，被学校强制退学。这个帖子发布后引起轩然大波，许多人立即站出来批评北外。可是随着调查的深入，发现这不过是一场炒作，退学的根本原因与所谓批评教育没有任何关系，是这个女生想进娱乐圈，公关公司帮她想出了这个炒作由头。所以，辨别事实真假是首要前提。

北外女生"被退学"经过调查不过是一场炒作，她在博客上写的事实根本不存在，这样的事本应受到社会谴责，但还是有网友为她发声，"当一个社会没有基本的言论自由，无法得到真相的时候，立场就是最重要的。立场的决定方式很简单，当真相被操控于强势者之手的时候，站在弱势者的立场就是正确的。只要没有言论自由，在真相无法了解的情况下，鸡蛋和石头的较量中，应该永远站在鸡蛋一边"。（摘录自曹林著《时评写作十讲》第176页）

以上的评论就是是非不分了。本来应该受到谴责的应该是弄虚作假的炒作者本人，但现评论者以保护"弱势"为由为她辩护，这就有违理性原则了。在一个复杂的社会系统中，难道一个人不是强者就是弱者？即使一个人是确定的弱者，值得同情，但弱者一定代表正义吗？难道弱者做了不应该做的事也应该保护吗？所以我们要站在理性的高度，做深刻的是非判断和价值分析，否则就会是非不分和价值颠倒。

（一）站在理性高度对事物进行思辨分析，最基本的是站在普世价值的高度

普世价值就是超越文明的冲突和意识形态的分歧而普遍认同的那些底线性的价值。不管你是否有宗教信仰，不管你的出生、地位、职业、政治取向，等，都必须遵循一些共同的价值，如，敬畏生命、不说谎、尊重天赋人权、倡导民主、言论自由、信仰法律，等等。

例6：第二次世界大战使人类蒙受空前灾难。战火燃及欧、亚、非和大洋洲四大洲及大西洋、太平洋、印度洋、北冰洋四大洋，扩展到40个国家的国土，有近六十个国家参战，作战区域面积2200万平方千米。在抗击德意日法西斯的战争中，中国坚持了14年，英国6年，苏联4年2个月，美国3年9个月。双方动员军事力量约9000万，其中苏联2200万，美国1500万，英国1200万，轴心国德意日3000万。中国共有4.5亿人卷入战争。按不完全统计，战争中军民共伤亡9000余万，其中美国伤亡100余万，英国伤亡120余万，苏联伤亡约3000万，中国伤亡3500万。死亡者达5500万，是历次战争中死亡人数最多的一次。死亡者中有一半是无辜的平民，其中包括600万犹太人和50万吉卜赛人。

直接军费开支11170亿美元（中日军费开支自1937年算起），参战国物资总损失价值40000亿美元. 数不清的人类历史文化遗产毁于一旦。

（二）站在理性的高度对事物进行分析，就要树立社会责任意识

理性是人性的表现，而人性的对立面是兽性，我们经常用灭绝人性来形容一些惨无人道的事件，所以人具有理性精神的又一个重要表现是做任何事情都要考虑社会后果，树立社会责任意识。

二次战争的发动者们已经被钉上了历史的耻辱柱。他们从狭隘的民族主义观点出发，丝毫不考虑战争给人类造成的创作，给人类造成了巨大灾难。

作为一个理性的人，一个理性的思辨者，不能只顾自说自话，不能只考虑个人私利而损害他人合法正当利益，不能只考虑本集团的利益而损害整个社会的利益，而要做一个负责任的思辨者，在做出一个判断时往往要考虑自己的判断可能产生的社会后果，以有利于公共利益为最高的职业准则。思辨是为了表达，思辨也会影响自己的行为并带来社会后果。在公共事务上表达自己的观点，它是一种公共表达，会影响时事的发展进程和产生社会后果——这种后果不都是正面和积极的，有时也会是负面和消极的，事关一条或数条人命，甚至产生爆炸性和毁灭性的力量。这就要求评论者在做判断时，一定要保持谨慎和克制，审慎地考虑自己的观点可能产生的后果，节制自己的义愤和激情，将公共利益置于职业功利之上。

五

要警惕理性陷阱

例7：在陀思妥耶夫斯基的小说《罪与罚》中，故事的主人公拉

斯科尔尼科夫在咖啡馆偶然听到一名学生和一名军官的谈话后，决定杀富济贫，杀掉一个有钱的老妇人，然后将她的针分给那些需要的人。谈话是这样的：

学生说，"一边是一个毫无用处、毫无价值、愚蠢凶恶的有病的老太婆，谁也不需要她——而另一边，一些年轻的新生力量，由于得不到帮助，以致陷入绝境——老太婆的那些钱注定要让修道院白白拿去，还不如用来做几百件、上千件好事和创举；成千上万的人也许因此能走上正路；几十个家庭也许因此会免于贫困、离散、死亡、堕落，不至于被送进性病医院——而所有的这一切，都可以用老太婆的钱来实现！杀死她，拿走她的钱，为的是日后用这些钱为全人类服务，为大众谋福利的事业做贡献。你认为做成千上万好事，能不能赎一桩微不足道的小罪过，使得罪过得到饶恕呢？牺牲一个人的性命，成千上万人就可以得救，不至于受苦受难，不至于妻离子散——这不就是数学吗？"

拉斯科尔尼科夫最终决定杀死这个老太婆，是完全出于理性计算，他认为这样做能够为最多的人带来最大的利益。（摘录自 [美国] 朱迪丝·博斯著《独立思考》第31~32页）

（一）理性精神要与人文精神相结合

爱因斯坦曾说，"要追究一个人自己或一切生物生存的意义或目的，从客观的观点看来，我总觉得是愚蠢可笑的。可是每个人都有一定的理想，这种理想决定着他的努力和判断的方向。就在这个意义上，我从来不把安逸和快乐看作是生活目的本身——这种伦理基础，我叫他猪栏的理想。照亮我的道路，并且不断地给我新的勇气去愉快地正视生活的理想，是善、美和真。"爱因斯坦这句话体现了我们每一个人都应有的人文情怀。

一个人如果没有人文精神，按照爱因斯坦的观点，那他是"猪栏的理想"，而一个人如果有了理性精神而缺乏人文精神，那么他将会是非常可怕的，有时甚至会成为恶魔。就像《罪与罚》中的拉斯科尔尼用理性计算杀死人一样。

理性精神作为人类文明的标准，它表述的是尊重事实、探索真理、重视思辨。人文精神是一种普遍的人类自我关怀，表现为对尊严、价值、命运的维护，对人类各种精神文化的维护，对全面发展的理想人格的肯定和塑造。人文精神强调的是以人为中心，关心人、爱护人，用现在通常的表述来说，就是生命关怀、人类关怀。

长期以来，人们似乎形成了一个思维定势，认为人文精神和理性精神是两种不同的文化形态，甚至，在科学技术兴盛的今天，科学主义似乎越来越占据上风，忽视人文精神的倾向越来越严重。其实，两者都是人类先进的文明成果，对推动人类文明进步都起着重要作用。

人类如果只有理性精神而缺乏人文精神，那么人类将缺乏诗和远方，将变得枯燥无味，缺少生活和生命的乐趣，更为严重的，有时会将人类带到相互残害之中，使人类永远生活在恐怖之中。

理性精神是一把钥匙，既可以开启天堂之门，也可能打开地狱之门，究竟打开的是哪一扇门，有赖于人文精神的指导。理性精神只有和人文精神并进，人类才能走向美好的明天。

所以，我们强调思辨的力量，不能离开人类幸福和对美好生活的追求来看，要坚持理性精神和人文精神的统一。

例8：1825年，英国科学家法拉第首先发现苯，此后几十年间，人们一直都不知道它的结构。所有的证据都表明苯分子非常对称，但是让人难以想象的是，6个碳原子和6个氢原子究竟是怎样完全对称地排列，形成稳定的分子的呢？

1864年冬的某一天，德国化学家凯库勒正坐在壁炉前打瞌睡，睡梦中，原子和分子们开始在幻觉中跳起舞来，一条碳原子链像蛇一样咬住了自己的尾巴，在他眼前旋转。在睡梦中惊醒之后，凯库勒终于明白苯分子是一个环，由六个碳原子首尾相接，于是，在我们的有机化学教科书中，到处都能看到那个六角形的圈圈了。

（二）理性精神要与感性认识相结合

凯库勒与苯环结构是科学史上的四个梦想之一。

感性认识和理性认识是同一认识过程的两个阶段。二者既相互对立又相互统一。

感性认识和理性认识之间的区别在于：感性认识是认识的初级阶段，是客观事物直接作用于人的感觉器官而产生的，它反映的是事物的具体特性和外部联系，具有直接性和形象性的特点，是对事物现象的认识。理性认识是认识的高级阶段，是对感性认识材料的抽象和概括，它具有间接性和抽象性的特点，反映的是事物的本质。

感性认识和理性认识之间的联系在于：感性认识是理性认识的基础，理性认识依赖于感性认识，一切真知都是从社会实践中得来的，而感性认识直接发源于实践，离开了感性认识，理性认识就成了无源之水、无本之木了，这体现了认识的唯物主义方向。感性认识有待于深化、发展为理性认识，认识的任务，不是认识事物的表面、外部特征，而是达到对事物的质、规律性的认识，只有这样，才能正确地指导实践，变革现实，改造世界，这体现了认识的辩证法。感性认识和理性认识相互渗透，你中有我，我中有你。一方面，感性认识包含着理性认识的因素，感性认识要用概念等理性认识的形式来表达，并在理性认识的参与下来进行；另一方面，理性认识包含着感性认识的成分，它不仅以感性材料为基础，而且以语言文字等感性形式来表达。

所以，纯粹的感性认识和理性认识是没有的，它们的区分也是相对的，我们不应当把它们截然分开，而应该坚持理性认识和感性认识的统一

例9：关于时评要不要坚守理性，评论业界有过激烈的争论。曾有一家媒体在刊头打出"理性、建设性"的办报主张，还有几家媒体在联合举办的新闻评论最佳作品的评选启事中，旗帜鲜明地提出了"理性、建设性"的要求，启事是这样要求的：

好的新闻评论能为变革加油，更能推动社会点滴进步。在新闻评论的导向上，我们提倡文章的"理性和建设性"，追求"主流、建设性、影响力"的观点，为民生代言，为时局建言。对于只有"挖苦嘲讽"，而无"建设性"，只有"攻击和审判"而无"说理反思"的文章，我们持拒绝态度。

这则启事激怒了著名杂文家鄢烈山，他在《"建设性"是嘛玩意》一文中，对这样的"评论理性"进行了尖锐和激烈的批评。他引用了马克思在《评普鲁士最近的书报检查令》里的话表达了自己的态度："爱国者的尖锐就是一种神圣的勤勉，他们的热情就是一种炽烈的爱，他们的傲慢就是一种自我牺牲的忠诚；这种忠诚是无限的，因而不可能是温和的。"他说，这样的"理性、建设性"是媒体人自制的一顶隐含紧箍咒的花帽，并把这样的理性讥为一种"魏忠贤、李莲英们为了出人头地而净身的选择"。（也即"自我阉割"）

我也赞赏这个观点。理性在滥用中确实已经被异化了，在对媒体管制的被动接受和主动迎合中附加了越来越多无理的约束，成为绑架言论自由和限制表达的软性枷锁。

比如，将理性与"建设性"挂钩，要求评论必须有建设性，必须得提出解决方案，这显然是一种无理要求，"破"难道不也是一种"立"吗？

比如，将理性与"批判性"对立起来，认为理性就是不批评，就

是站在政府一边替政府说好话。这种媒体人的自我阉割中，甚至出现将理性解读为一种"不给政府添麻烦"的荒唐认知。

理性沉沦至此，甚至沦为一种沾沾自喜的自我阉割，以"我理性，故我不添麻烦"摇头摆尾地献媚和邀宠，当然让人反感和生厌。

（摘录自曹林著《时评写作十讲》171~172页）

（三）理性精神要与追求自由精神相结合

自由是对必然的认识。理性精神是一种科学的精神，是以追求真理，认识和发现事物的本质和规律为目的一种思维方式，一句话，理性精神以对必然的认识为目的，而人类在对必然的认识中一步步走向自由，理性与自由存在着天然的联系，是追求自由的必由之路。

然而，日常生活中，特别是在社会公共中，人们却在坚持理性精神的过程中走向了自由的对立面，这与片面理解理性与自由的关系相关。

一方面，理性是为了追求自由，而不能因为理性原则而限制自由的追求。人类坚持理性原则，发扬理性精神，本身并不是目的，而是利用理性精神和原则探索客观事物的本来面目，发现未知的世界才是我们的目的，没有理性的精神和原则，要实现探索和发现未知的目标是根本不可能的。但是，我们不能为了理性而理性，人类的最终目标是为了在探索和发现中实现自身的自由和幸福。

经济学研究过一个经典的布利丹驴子的故事，一头"理性"的驴子面对两堆距离相等的一模一样的干草，因为不能做出最优化决策，最终饿死了。这头"理性"的驴子因为追求理性而最终饿死，讥讽的正是"理性驴"，这是我们所应该从中受到启发的。

在社会生活中，为了文明进步，评论者应该坚持理性的原则，但如果把理性原则和精神片面理解为"唱赞歌"、时时高呼"伟大、光荣、正确"、禁止批判质疑和反对，那本身就是违反理性精神和原则的，因为只要有理性的人，就会有思考，就会得出自己独到的结论，就不可能不发出自己的声音。

另一方面，自由可以促进理性的进一步发展。理性的探索和发现需要我们能够敢于和勇于面对一切未知和无知的领域，大胆假设、小心求证；需要我们打破一切陈规陋习，冲破一切禁区，而不能画地为牢，故步自封、因循守旧；需要我们让自己的思维和行动听从内心的呼唤遵循自由的灯塔，没有自由的精神就没有理性的进一步发展。许多科学上的重大成就都是在怀疑、质疑中取得的，社会生活中的很多制度机制都是在破的过程中不断完善的，自由是人类追求的最高目标，也是人类探索和发现的助推器。

自由是每个人的追求。但什么是自由？而理性又在什么位置上？没有理性的自由是可怕的，而自由又常常被个人的理性所束缚，理性与自由，该如何抉择，如何共存？我们的结论是：日常生活中要坚持理性精神和自由精神的统一，正确分析和处理理性和自由的关系，既反对将自由凌驾于理性之上，又反对在理性限制和束缚自由，这样人类才能永远走在文明进步的大道上。

例10:《阿尔达莫诺夫家的事业》是高尔基的名著。他写这部小说时，已是年近花甲的艺术大师了。但他并不以权威自居，而是主动虚心地向青年作家征求意见。1926年初他给三十三岁的青年作家费定写信："寄给您一本《阿尔达莫诺夫家的事业》。读后请不客气地告诉我，您对它有什么意见。"费定在回信中一面赞扬了小说的许多成功之处，同时也指出作品在结构上的缺点。他写道："阿尔达莫诺夫家'事业'的基础以及它的发家经过，大约占了七年，就是说，'事业'是在七十年代进行的，仅仅描写这一段就用了半本书的篇幅，另外半本书则容纳了四十七年（当然是大约计算），而且这四十七年里写的是题材中最重要的事件……我认为，结构上的这个缺点显著地影响了结尾的效果：这部书的结尾部分是比较公式化和枯燥乏味的。"高尔基在收到信后不久立即回信说："谢谢您对《阿尔达莫诺夫家的事业》的批评。我认为，您指出小说结构上的缺点，是完全正确。

（四）警惕理性自负

倡导思辨理性，但也要避免一种自负，认为自己就是理性的代言者，自己掌握的就是真理，自己判断不会有错觉，自己是正义的化身——这样的自负会封闭一个人的心灵，让一个人走向极端，容纳不了不同的观点，难以吸收新的思想，反面陷入一种非理性和反理性状态。

爱因斯坦说过："在真理的认识方面，任何以权威者自居的人，必将在上帝的嬉笑中垮台！"理性不是封闭的，而应当是开放的，时刻保持一种开放和包容的心态，要有一种自我反思和自我批判的精神，不要总以为自己是对的。其实，我们每一个人的理性都是有缺陷的，每一个人的认识水平也都是有限的，不可避免存在某种盲区，所以并不能保证我们做出的每个判断都是正确的，理性要有这种自我怀疑的精神。不要总怀疑别人是错的，也要经常反省自己是不是也错了。要能够被别人的理性说服，而不是盲目地相信自己。

梁文道："我觉得我并不是百分百肯定自己那么对。我的平和是在于，我常常觉得我可能是错的，我常常有这种自我怀疑。"

每个人都希望真理站在自己一边，但如果过于自信，真理就会站在自己的另一边。

真理是在交流和沟通中显现的，面对更有理的言说，你要保持着"被别人说服"的开放和包容。所以，在思辨中，我们要坚持思辨自信与思辨反思两者的统一，防止过于自信，导致思辨霸权。

阅读与思考：

1. 人的理性在人类发展进程中具有什么样的作用？

2. 理性具有哪些特点？列举日常生活中有哪些违背理性思维的要求的事例并说明其可能导致的后果？

3. 如何站在理性的高度思考和分析问题？

4. 理性在人类发展中具有重要作用，为什么还要警惕理性陷阱？如何警惕理性陷阱？

活动设计：

1. 莎士比亚说，"健全的理性造就健全的行为"。请查阅有关"健全的理性造就健全的行为"的事例，并研究"健全的理性"和"健全的人格"之间的内在联系。

2. 辩论：正方观点：用理性生活的人其生命是喜剧。反方观点：用理性生活的人其生命是悲剧。

第五章　影响思辨的主观因素

引言

一切利己的生活，都是非理性的、动物的生活。

——列夫·托尔斯泰

上一章我们分析了理性在思辨中的作用，以及如何在思辨中坚持理性原则。要做一个优秀的思辨者，除了要坚持理性的原则外，还要注意影响思辨的一些其他主观因素。

人类经常陷入非理性行为之中。我们中存在的无谓争斗、发动战争、杀戮、自杀、自残、目光短浅；我们会因为欲望没有得到满足而贸然采取行动，我们会虐待我们身边的小动物；我们时而情绪化、大发雷霆，时而又回到刻板、拒绝接受合理的建议；我们言行不一、忽视证据、乱下结论、自欺欺人；我们会思想僵化、态度保守，等等，非理性导致我们自身并给社会带来了太多的损失，这样惨痛的教训实在太多太深刻。

人类思辨还会受到自我中心和社会中心的影响，从自我出发或从局部群体利益出发，陷入个人主义或小团体主义的影响，这样必须会影响思辨，导致真相难知、真理难觅、公正受阻。

知识储备不足、思维方式的局限、内心的各种压力等，都会对思辨有所影响。

本章主要讲影响思辨的各种主观因素。

——

要对情绪的作用做全面细致分析

例：冲冠一怒为红颜

出自明末清初诗人吴伟业的《圆圆曲》，写于1651年顺治八年辛卯初，原文是："恸哭六军俱缟素，冲冠一怒为红颜"。

陈圆圆是明末名满天下的"秦淮八艳"之一，一出道便被名士争相攀求，一时名气盖过温婉可人的董小宛。红颜薄命，先被田弘遇所掠，献给了崇祯皇帝，岂料没有得到崇祯的宠幸，后被吴三桂纳为妾。

1644年明崇祯十七年正月，闯王李自成在长安正式建立大顺政权，年号永昌。随后，他亲率大军渡河东征，杀向明朝的都城北京。

三月初，李自成兵临宣府（河北张家口市宣化）城下，京城危在旦夕。崇祯万般无奈之下，诏封吴三桂为平西伯，命其放弃关卡，入关勤王。此时吴三桂是辽东总兵，驻守山海关。吴三桂接到勤王旨令，统兵入关，当到达出山海关不远的河北丰润（今河北唐山市内）突闻噩耗，京城失陷，崇祯自缢身亡，遂带兵返回山海关。

四月初，吴三桂亲率所部进京谒见新皇帝李自成。但途中又听闻大顺军在北京捉拿大批勋贵高官，拷掠追银，他父亲吴襄也在其中。而更刺激他的是，他的爱妾陈圆圆也被抢走了。相传吴三桂当时勃然大怒，厉声喊道："大丈夫不能保一女子，何面目见人耶？"当即挥师第二次返回山海关，降而复叛，上演了一幕绝世的"冲冠一怒为红颜"。

非理性是与理性相对立的思维方式，如，感觉、知觉、直觉、意志、情绪等。这些思维方式在人类认识中起着重要作用，但如果不承认客观事实、不遵守逻辑法则、不注重分析的思维方式，过多夸大这些非理性思维方式的作用，或者把它们与科学、理性、逻辑对立起来，那么会走向理性的对立面，导致非理性主义。

在非理性之中，情绪是一个重要因素，必须对它有一个全面辩证的分析。

（一）关于情绪的传统观点

在《韦氏大学词典》中，情绪被解释为："一种区别于认知和意志状态，包括高兴、悲伤和恐惧等感受。"在西方文化中，情绪一直被放在与理性对立的位置，并且被认为是草率推断、非理性生活选择的罪魁祸首。在现代，一些学者和科学家仍然认为情绪对于指导行为是不可靠的，是进化过程中遗留的糟粕，应当抛弃。

相反，在中国传统的儒家哲学中则强调同情、忠诚等关系与情绪的培养，并将其看作获得幸福与和谐生活的关键。很多非洲传统哲学也十分注重个人经历与感受在思辨中发挥的作用。在佛教中，对世间万物的同情和爱是思辨的基础。

从以上几个例子可以看出，东西方文化对情绪的态度大相径庭，这从一个侧面反映了情绪这种非理性思维作用的复杂性。

（二）发挥积极情绪的作用

情绪是每个人都会有的，是情商的一个方面。积极情绪——某些专家称之为情绪智力——与抽象思维能力呈正相关。情绪智力是指"准确地感知、评价和表达情绪的能力；酝酿和产生能促进思维能力的感受的能力；理解情绪及情绪性知识的能力，以及控制情绪以促进情绪和智力发展的能力。"同理心、义愤感、爱、幸福、甚至内疚等情绪都能够促进人们做出更好的决定，从而为推理能力带来积极影响。

美国前副总统阿尔·戈尔认为，美国人之所以没有对伊拉克战争中出现的虐待俘虏事件和过多的平民伤亡表示出更强烈的抗议，没有因为政府对卡特里娜飓风带来的灾难做出如此之慢的反应表现出更多的愤慨，原因之一便是人们的道德义愤随着电视中太多耸人听闻事件和暴力画面而变得迟钝了，很多人不能认清自己的感受并表达出来。由此可见，有时候一个人的情绪无从表达也会对其行为和决策产生消极影响。只有对自己的道德义愤和对受害者（包括自己）的同理心等情绪有更深入的了解，人们才能利用理性，积极地提出具体的行动计划来阻止这些不当行为的发生。

同理心，是指设身处地地感受并理解他人经历和情绪的能力，这种能力能够让人们避免心理压抑，成为更好的倾听者和交流者，从而改变人际关系。一个具有同理心的人，更容易理解和接受他人的看法，积极使用思辨分析，而支持各项行动计划则需要人们明确阐述一个合乎逻辑的论证，因此这一技能就显得至关重要。

幸福感和乐观情绪能够增强解决问题的信心。感到幸福和对生活满意的人更容易适应或重新适应生活环境中积极或消极的变化。而这又反过来增强了他们的幸福感和成就感。

幸福的心境能够带来流畅感，音乐家、艺术家、作家常常能够体验到这种状态。在这种状态下他们完全融入了创造性工作中而达到忘我的境界。

病患者有积极乐观的情绪能够忘记病痛，增加战胜疾病的勇气和信心，更多配合医生进行治疗等。

积极情绪还能激励人们改正错误。在《罪与罚》的结尾，拉斯科尔尼科夫决定向警察自首，这不仅是经历理性思考的结果，情绪也起到了一定的作用，这些情绪包括对杀害老妇人的内疚感，还有他对索尼娅的深深的爱。

所以，积极情绪有助于智力的发展，有利于保持理智，在比赛和工作中发挥正常水平，对于有些患者是治病和健康长寿的重要因素。

（三）避免消极情绪的负面影响

人们以为消极情绪的作用都是消极的，其实不然。

适度的消极情绪能提高判断力和强化记忆，使人不易上当受骗。这是澳大利亚新南威尔士大学的研究人员多次试验得出的结果，发表在《澳洲科学杂志》。研究人员发现他们在试验中通过电影和回忆高兴或悲伤的往事使被研究者产生积极或消极的情绪，随后他们要求试验对象判断流言的真实性。结果显示，与那些心情愉快的人相比，情绪低落的人不易冲动，也不容易轻信流言。研究还发现，相比那些有积极情绪的人，情绪不好的人在回忆他们亲眼目睹的事件时不太容易出错，且更善于陈述自己的情况。研究人员表示，积极情绪能激发人的创造力、适应能力和自信心等，但消极情绪会让人精力集中、冷静思考、更加谨慎。因此，在面对困境时，适度的消极情绪反而有利于综合处理各种信息。

但是，消极情绪的消极作用还是很明显的，我们要注意避免以下负面影响。

消极情绪会使人的思维活跃程度受到影响，从而抑制智力水平的提高。当一个学生在学习信心受到影响，学习的动力系统受到损坏时，学习成绩必然受到影响。

消极情绪会使人脾气暴躁，精神萎靡不振，对学习与生活产生恶劣的影响，严重者并诱发悲观绝望等情绪，产生自卑，自暴自弃等心理。

日本政府2012年购买钓鱼岛事件发生后，少数国人出于愤恨和急躁的爱国情感支配，从而做出了一些不理智的举动，他们砸日本系列汽车、在北京拦截悬挂日本国旗的驻华使馆车队等，皆属于这类情况。

消极情绪会影响人的分析判断力，从而失去理智，在比赛和重大决策中不能发挥正常水平。吴三桂受到消极情绪影响，"冲冠一怒为红颜"就属于这一类。

消极情绪导致人的情绪受到压抑，治疗疾病的信心受到影响，有时甚至不配合医生治疗，从而使人致病，影响人的身心健康水平。

（四）避免非理性诉求的影响

在日常生活中大量存在的是非理性诉求方式。非理性诉求就是在解决问题，化解矛盾的过程中，当事一方或者双方持偏执态度、采取偏激手段，坚持不合理诉求不依法理性表达诉求就是非理性诉求。从行为方式看，主要有：辱骂、威胁、恐吓、围攻；扬言杀人、自杀、自残；网络发帖歪曲甚至捏造事实，误导公众，为博取自身利益营造有利舆论范围；静坐游行、打横幅行为等。

非理性诉求最典型的莫过于例2中提到的"砸车事件"。表达爱国情感是可以的，但不能以非法的方式和手段，不能影响社会秩序和他人合法权益，更何况，中日之间本着互利共赢为原则的经济交往对中日双方都是有益的。

还有，日常生活中人们对政府、对社会现象总会有许多自己的不满情绪，我们要采取理性诉求的方式，既了解自己享受哪些权利，充分行使权利，又要知道自己应该履行的义务，坚持权利和义务的统一，用合法、正当、合理的方式表达诉求。

（五）理性要与情绪的结合

令人遗憾的是，现实生活中很多人不能正确认识情绪的作用，有人认识不到积极情绪的作用，要求人们时时刻刻保持理性，完全忽视了情绪在思维中的重要作用；或者没有充分认识到负面情绪的消极面，从而理性地加以避免或减少。

情感与理智的完美结合使人们在思辨中能够事半功倍。情绪能够帮助人们警觉到问题并洞悉他人的观点，还能够激励我们积极采取措施和行动解决这些问题。要想成为一个成熟的人，就必须承认情绪的存在，并努力让情绪与理性协力合作，做出更好的、更明智的决策。

总之，包括情绪等非理性是一种客观存在的现象，人类总要有自己的情感、情绪，总会有自己的喜怒哀乐，过思辨的生活必须对非理性进行全面细致地分析，对于情绪等非理性的作用我们必须做辩证分析，尽可能发挥它们的积极作用，避免它们的消极和负面的作用，哪些，人类会从非理性中得到很多有益的享受和进步。

二

避免自我中心对思维的负面影响

在人类非理性行为背后隐藏着两个既存在交叉关系又有内在联系的动力因素，这就是人类的自我中心和人类的社会中心思想。

日常生活中经常用自以为是、一意孤行、固执己见、夜郎自大等词语形容自我为中心的人的思想和行为。

（一）人类的自我中心

它是指人类倾向于自我中心地、从自己的角度去观察世界万物（《韦伯斯特新世界词典》）

人类的自我中心有两个基本倾向：一是倾向于自我服务，追求个人良好的感觉，却总是自私地以牺牲他人的利益和需求为代价。二是倾向于坚持自我信念。自我中心，它是一种认识上的狭隘和局限，只考虑自己而不考虑他人，缺乏兼济天下的品质；它也是一种思想上的僵化，自己的观念一经形成就封闭保守，没有海纳百川的胸怀。

（二）自我中心中最为典型的是自私观念

自私指的是指只考虑自己的而不考虑别人的权利和需要，甚至为了自己的权利和利益而不惜损害他人的权益。日常生活中很多人因为自我中心，也因为片面狭隘的观念，因而不会自然地欣赏他人的观点或认识到自己观点的局限。只有经过思辨的专门训练，我们才能明确意识到自身存在的这种自我中心。

人们非常自信地认为自己已经了解事情的真相，但情况并非如此。尽管直觉并不准确，但是人们很自然地相信自己的直觉。在思考时，人们不会运用理性标准，而往往从自我中心的角度（而不是知识）来确定相信什么、拒绝什么。

（三）自我中心常用的标准

自我中心的人们在思考时常用的标准有：

"因为我相信它，所以它是真的。"这是先天的自我中心论，即我认为我所相信的就是真的，尽管我从未质疑过这些信念的基础。

"因为我想要相信它，所以它是真的。"这是为了满足自己的需求，我相信对我有利的信息，而不相信不利的信息，即使我没有仔细考虑更多不利的证据。我相信"感觉好的信息"，相信那些支持我信息的信息，相信那些不需要我改变观念的信息，相信那些不要求我承认错误的信息。

"因为我一直相信它，所以它是真的。"这是自我确认的表现，个体有着强烈的愿望来证实自己坚持许久的信念，虽然并没有严谨地确认过这些信念中哪些是合理的。

"因为相信它符合我的利益，所以它是真的。"这是先天自私的表现，我相信能够证明我行为合理性的观点，这有助于我获得更多的权力、金钱和利益，尽管这些信念不是建立在合理的推理和证据的基础上，但他们符合我的利益，所以我选择相信。

（四）自我中心是一种思维方式

自我中心思维存在于我们很多人脑海中，而我们却否认它的存在。没有人承认自己的思考是自我中心性的。自我中心思维的最终目标是自我满足，并不尊重别人的权利和需要，只维护自身和与自身利益一致者的利益。在进行自我中心思考时，我们总是认为自己是正确的，总认为那些与我们观点不一致的观点的人是错误的。

只有在我们思辨能力得到显著提高后，我们才意识到自己的自我中心倾向。当我们对自我中心思维进行认真分析之后，自我中心思维才不会合理化我们的非理性性行为。自我中心思维其实是一种自我欺骗技术，为理性代替非理性设下了障碍。自我中心思维的自我欺骗程度越高，我们认识到自己非理性的可能性就越小，认识到自我中心思维之外的相关信息就越少，想要增加我们的合理信念和动机就越难。

理性思考或思辨能力不是天生就形成的。人类天生倾向于非理性的思考，不是所有人都能够达到理性思维的水平的，这不足为奇，也符合人的认知发展规律。通常，我们不希望我们的思考受到太多的质疑，不希望我们的偏见受到挑战。我们考虑更多的是自己的私利，不关心他人的权利。我们不会牺牲自己的欲求来满足他人的基本需求。我们不想知道那些本以为神圣的信念其实并不神圣。如果偏听偏信能使我们拥有更多权力或优势的话，我们会对一些基本原则视而不见。

理性是一种必须经过生活积累和长期培育才能形成的思维方式。

事实是，经过实践体验和思维能力提高，人们总会在思辨能力方面得到不断提升，避免自我中心的思维方式。

三

避免社会中心对思维的负面影响

例2：从美国至上到白人至上（时寒冰）

大半年来，特朗普给美国带来了什么呢？

特朗普刚刚就任美国总统后的1月23日，就退出了跨太平洋伙伴关系协定（即TPP，被称作"经济北约"），这个贸易协议是奥巴马精心布局的一个"网上之网"，把美国置于了贸易生物链的最顶端，而把中国置于了一个非常被动的局面。在中国尚未想到好对策的时候，特朗普撕碎了这个协议，把美国从全球自由贸易的引领者变成了四处扰民的游击队员，主要表现为不断敲打其他国家，以获取一些经济实惠，其实也就是一些蝇头小利。

美国以前为什么强大？其中一个非常重要的原因是：美国是世界的老大，经常带领一帮弟兄砍这个砍那个，收取保护费，维护自己主导下的规则和秩序，让美国从中获取巨大利益。而现在，美国突然打起了弟兄们的主意，要求大家筹钱给他买刀买车，而他本人也卖这卖那大豆牛肉一起上，成为美国历史上唯一一个专心致志地出来卖的总统。

特朗普退出TPP，以及此后的退出"巴黎气候协定"，等同于放弃了美国的责任感和领导地位，让美国从一个集团军司令变成了一个带着白头巾的游击队员，四处挖坑埋劣质地雷，吓唬自己昔日的小伙伴们，导致美国曾经主导的规则和秩序满目疮痍。当在德国的G20峰会上，特朗普站在一个偏僻的位置尴尬地傻笑的时候，美国的大帝国时代已经渐去渐远，特朗普悄悄为自己蒙上白头巾，四处寻找更好地埋地雷的地方。

特朗普手撕国际社会，撕碎美国的领导权的同时，美国自身也在被撕裂。

特朗普当选与他宣扬的白人主义息息相关，而今，这一充满鲜明种族主义特点的行为终于引发严重后果。美国当地时间8月11日晚，美国臭名昭著的众多白人至上主义团体成员出现在夏洛茨维尔市的弗吉尼亚大学校园内，手持火炬游行示威，主张白人联合起来对抗少数族裔。

8月12日，白人至上主义者高举带有种族主义色彩及印有纳粹标志的旗帜参加大规模的集会活动"团结右翼"，与反对者发生冲突。就在此时，20岁的男子詹姆斯·菲尔茨驾驶汽车撞向反对者人群，造成1死19人伤。

白人至上主义者这次暴行，震惊了美国，也震惊了全世界，作为全世界最包容国家的美国进入了撕裂、对立状态。

面对这次显而易见的恐怖和暴力事件，特朗普直到晚上才举行记者招待会，而特朗普的发言并未直接谴责白人至上主义者，也没有将事件定性为恐怖主义行为，而是把双方各打五十大板。按照特朗普的表述，无论是加害者还是被害者，都负有责任。这种表述是非常冷血的。

特朗普深知他就是白人至上主义的最大受益者，他还指望靠这些人连任，一个小商人的嘴脸在这件暴力事件中展现得淋漓尽致。特朗普模棱两可的表态激怒了美国社会。美国前副总统乔·拜登在推特上评价道："（没有多方，）只有一方。"就连共和党人都看不下去了。美国共和党籍联邦参议员马尔科·鲁比奥指出："民众需要听到这样描述发生在夏洛茨维尔的事件——白人至上主义者发动的恐怖袭击。"共和党籍联邦参议员科里·加德纳说:"总统先生,我们必须直呼魔鬼的名字。这些人就是白人至上主义者,这就是一次国内恐怖行动。"

在弗吉尼亚暴力事件的第二天,特朗普团队却公布了特朗普竞选连任总统的宣传片,这种做法再次激怒美国。特朗普不仅一个人脑残,整个团队都如此。人们很奇怪,这些情商和智商如此雷同的人是怎么被特朗普弄到一起来的?

特朗普力主美国至上,因此撕裂了美国苦心多年建立起来的国际规则,让美国沦为弃儿;特朗普骨子里的白人至上主义,撕裂了美国社会,导致美国社会的尖锐对立与冲突。从美国至上到白人至上,特朗普手撕美国,满手都是鲜血。

当美国人对这些开始感到厌倦、担忧,甚至憎恶、恐惧的时候,特朗普莫说连任,能否顺利干完这一任都是未知数。特朗普的反对者已经超出支持者20%的比率,这本身,或许就代表着一种信号。特朗普以身说法,让美国选民看到了选择一个脑残的严重后果。选举不是儿戏,不珍惜手中的选票只能得到恶劣的结果。这或许会让美国选民在未来不得不更加冷静地选择,而现在,他们所能做的,或许就是通过弹劾,提前做出改变。

特朗普的"美国第一"、"美国至上"观念是典型的社会中心思维。

（一）人类的社会中心

也就是以群体为中心的思维方式。人类自然地以所在群体为中心、从自身群体的角度去观察世界万物。社会中心思想是自我中心思想的延伸。

人类是群居的社会性动物,很大程度上受群体影响,并在群体中长大。大多数人基本上都是自我中心的,都关注自己,所以最终形成的群体也会是群体中心的。

（二）社会中心思维的特点

社会中心思维的特点有：

（1）寻求满足自身或自身所在的群体的欲望，而不去考虑其他人的权利与需求。

（2）使群体的信念和行为合理化（不论这信念和行为多么荒谬）

（三）社会中心思维常用的标准

社会中心的人们在思考时常用的标准是："因为我们相信它，所以它是真的。""因为我们想要相信它，所以它是真的。""因为我们一直相信它，所以它是真的。""因为相信它符合我们的利益，所以它是真的。"

（四）控制自己的社会中心倾向

人的认识能力和境界、实践能力等是有阶段性发展水平的，所以，就像人是天生的自我中心一样，我们同样是天生的社会中心者。社会中心思想，是将自我中心思想提升到群体的水平。它可能比自我中心更具有破坏性，因为它会调动一个社会团体的力量来实现其目的，这显然比个人拥有更大的力量，因而影响也会更大。自我中心和社会中心的思想都是自私的和教条的，作为一个优秀的思辨者，我们的目标是要弄清楚社会中心思想是如何影响我们的行为的。

一个人的生活需要加入各种各样的社会团体。这些典型的团体包括国家、文化团体、职业团体、宗教团体、家庭和同龄群体。在我们意识到自己存在之前，就已经发现自己正在参与社会团体活动。

我们发现自己作为个体，存在于团体组织当中的每个方面。更重要的是，我们所属的每个组织都有它自己的信念和不言而喻的"规则"来规范团体成员的行为。作为认同的条件，我们所属的每一个组织都要求我们遵从它的规则、规定、习俗、信仰、宗教和禁忌。

　　在某种程度上，所有人对所属团体要求的行为和信仰都会不加批判地接受，认为它们是正当和正确的。

　　团体成员被赋予某些权力，但获得权力优势需要付出一定的代价。组织要求成员遵守它的规则。在生活的方方面面都对组织成员进行不同的要求。

　　此外，任何地方都会有国家声称对其拥有主权，它要求所有人都要遵守成千上万的法律条文。当然，没有人可以记住这些法律条文，因此，生活在一个不违反法律规定的社会几乎是不可能的。这就会造成，在任何一个复杂的社会中，都会有一个拥有权力的小团体总以一定的方式去惩罚团体中的弱势成员，这样更加强了人们的社会中心思想。

　　（五）社会中心思维是无意识的

　　与自我中心思维一样，人们经常认为社会中心也是合理的、正当的。因此，虽然群体往往为了追求自己的既得利益而扭曲概念的意义，但是他们几乎从不认为自己是滥用语言；虽然群体总是可以找到其他群体意识形态的问题，但是他们很少能找到自己信念系统中存在的缺陷；尽管群体通常可以识别出其他群体对他们的偏见，但是他们很少能够识别自己群体存在的偏见。总之，正如自我中心思维是自欺欺人的一面一样，社会中心论思维也有自欺欺人的一面。因此，社会中心思维是无意识并有潜在危险的。

　　（六）社会中心思维具有更大的危害性

　　尽管自我中心与社会中心思维类似，但是它们之间存在一个很重要的区别：自我中心思维的危害性是有限的，社会中心思维带来的伤害则严重得多。如，天主教会控制的西班牙宗教裁判所处死了上千名异教徒，德国纳粹折磨屠杀了数百万犹太人，美洲的"发现者"奴役、折磨并杀害了大量印第安人和非洲人。

　　总之，自古至今，社会中心思维给无数无辜的人带来了巨大的痛苦和伤害。这是因为群体在社会中心思维下非常草率地滥用权力。一旦集体内形成自我服务的意识，他们就会悍然违背曾经宣称的道德，而且他们不会意识到行为会给社会带来怎样的严重后果。特朗普政府奉行的"美国至上"原则，实际上是"只有美国利益"，所以他退出巴黎协定，退出联合国教科文组织，并声言退出世界贸易组织，由此给全球气候控制工作、联合国教科文工作、多边贸易等带来巨大损失。

社会中心的思维是集体通过使用语言培养而成的。群体通过对概念和观念的使用，将不正当的行为或者思维方式合理化。日常生活中，我们会发现，社会中心的人常常使用自我中心性语言来掩盖不道德行为。

如：当欧洲人第一次居住在美洲时，他们以推行先进文明的名义强行奴役并杀害了印第安人，他们把印第安人称为野人，为自己的不人道行为寻找借口。同时，他们认为自己是最文明的，他们认为自己为野蛮人带来了所谓的先进文明。文明推广成了欧洲人奴役美洲印第安人以获得物质财富的工具，正是通过这些语词的应用，他们抹杀掉自己的人性，剥削印第安人，占有他们已经居住了几千年的土地。

帮助发展、消灭贫穷等词语，成为欧美强国在发展中国家和最不发达国家进行殖民主义的最好的借口，他们以援助为名，干涉这些国家内政，掠夺这些国家财产，对这些国家进行文化渗透和侵略，导致这些地区政局动荡、民不聊生。

直面承认自我中心和社会中心思维的存在并敢于破除这些思维，我们就可以成功地应对我们与生俱来的自我中心思维和社会中心思维。如果我们对自己的自我中心思维没有一个清醒的认识，就会陷入一个狭隘和自私的角度。如果我们对社会中心思维没有一个清醒的认识，就会陷入偏激的群体性思维中，如激进的民族主义情绪。

应对自我中心和社会中心不是件容易的事情。这两种思维都是无意识的，很难被觉察。虽然有时没有人会公开指责我们的自私自利（个人），但如果我们不能意识到其局限，我们便会面临着一系列严重的惩罚，例如，德国法西斯主义最终遭到可耻的失败。

最重要的是，现在我们已经能够认识到自己的自我中心和社会中心的存在。当意识到我们思维中的自私和刻板时，我们就应该减少这些情况的发生。花时间不断成长为优秀的思辨者，我们就可以成为坚持统一理性标准、发展协调思维以及公正正直的人。

四

影响思辨的其他主观因素

（一）抗拒

由于我们大多数人不愿意被证明是错误的，因此我们会制造一些障碍使自己固守的观点免受争议。抗拒对思辨起着阻碍作用，它被界定为"运用不成熟的防御机制，这种机制是僵化的、冲动的、适应不良的和不加分析的。"

当我们感受到威胁时，几乎所有人都会运用防御机制。但是，如果我们习惯性地把抗拒作为应对问题的方法，那么它将成为困扰我们的难题。习惯性抗拒会妨碍自我发展，因为它会促使我们回避与自己原有观点不同的新经验和新观念。如果有些人所持有的观点得到了公共舆论或法律的支持，那么当这些观点受到挑战时，他们很可能会产生抗拒：他们不希望改变现状。

除此之外，抗拒会使人产生焦虑，因为它把我们置于一种防御状态，远离别人的意见和观点，从而使我们无法与别人合作，不能想出有效的行动计划。抗拒有多种类型：

1. 回避

我们运用回避这种机制来逃避某些人或某种情况，而不是对不同观点进行探索。

有些人强烈地支持某种观点，但却没有足够的证据为自己的观点辩护，他们只与赞同自己观点的人为伍，只阅读和观看支持自己观点的文献和电视新闻。

一位记者曾经参加过一次教堂祷告，牧师在布道时严厉斥责了梅尔·吉布森的电影《耶稣受难记》，认为这部电影充满了暴力，而且对耶稣被出卖和死亡的经历的描述也不恰当。祷告之后，记者问她是否看过这部电影，她说没有。当记者告诉她曾经看过这部电影并非常喜欢它时，她只是皱了皱眉，然后迅速转身离开去跟别人交谈。

作为抗拒的一种形式，回避会使人不愿意与持相反观点的人交流，甚至会对他们产生敌意。

2. 愤怒

我们并不总是回避持不同意见的人。有些人在面对不同观点时，不是进行理性思辨和分析，而是感到愤怒。与身单力薄或缺乏社会资源的人相比，身体强壮或拥有强大社会资源的人更容易愤怒，并强迫不同意见的人保持沉默。愤怒可以通过多种方式表达出来，如，怒视、恐吓、身体暴力、团伙行动、甚至战争。情绪在思辨中的作用已经在上面进行了全面分析。

3. 陈词滥调

说些陈词滥调会妨碍我们批判性地思考问题。比如不断重复类似的话。

广告商和政治人物经常使用陈词滥调来转移人们的注意力，让大家不再关注产品质量问题或即将发生的社会问题。

陈词滥调也会使我们不能正确审视自己的人生选择，陷入人云亦云的境地。

当然，适当地运用陈词滥调也会有助于阐明某个观点，但是，习惯性地使用陈词滥调会对思维的发展和思辨起着阻碍作用。

4. 否认

根据美国国家伤害预防与控制中心的数据，每半小时就会有一起因酒驾导致死亡的交通事故，酒驾造成的死亡人数在所有交通事故中占41%。尽管这些数据令人震惊，但酒驾的人却经常否认自己喝醉，他们认为自己完全有能力驾驶，拒绝代驾。

5. 无知

古罗马哲学家西塞罗曾经说过这样一句话："无知是思想的黑夜。"现代印度瑜伽修行者斯瓦米·帕拉瓦南达曾写道："无知制造了其他所有的障碍。"

人们更有可能对自己深入了解的问题进行批判性思维。在某些情况下，我们弄不清楚某个问题仅仅是因为我们根本不想去了解。如果我们原本可以通过某种途径获得关于某一问题的相关信息，却为了避免思考或讨论而刻意回避，那么这种无知就成了抗拒的一种类型。

有些人认为，无知让他们不必去批判性思考某一问题或采取行动，结果却是，问题永远得不到解决，甚至会变得越来越糟糕。

6. 从众

许多人担心如果自己与同伴的观点不一致，会受到同伴的排斥。因此，即使他们实际上不赞同群体的观点，也会与群体保持一致，而不是冒险提出反对意见。

有些人从众是因为他们对某个问题根本没有自己的看法。他们经常会说，"我看到了问题的两面性"这样的话来掩饰自己不愿意批判性地思考问题。马丁·路德·金曾经指出，"许多人最害怕站在与大众普遍接受的观点明显相悖的立场上。大多数人倾向于采纳这样的观点，它是如此的模棱两可、模糊不清，以至于可以囊括所有的一切，它又如此流行，以至于可以包括任何人的观点。"

7. 思想斗争

第二次世界大战纳粹党占领法国期间，利尼翁河畔勒尚邦村庄给躲避纳粹党的犹太人提供了避难所。《精神武器》是一部描写利尼翁河畔勒尚邦人们抵抗纳粹运动的纪实性影片，皮埃尔·苏拉吉是这部影片的导演。多年后，美国公共广播公司的比尔·莫耶斯向皮埃尔·苏拉吉询问，为什么有的村民仍然在为该怎么做而挣扎。苏拉吉回答道："饱受痛苦的人是因为没有采取行动，而采取行动的人则不会感到痛苦。"当我们面临复杂问题时，在暂时没有想法之前，犹豫不决或饱受折磨是正常的。然而，有些人过于纠结问题的细节，过多地考虑"如果……将会怎么样"，也就是被称为"分析瘫痪"的情况，如此一来，到头来什么事情也做不了。拖延的人最有可能使用这种抗拒方式。尽管针对一个问题进行思想斗争是分析过程的一部分，可以有助于想出解决方法和行动计划，是批判性思维的重要组成部分，但是，如果这种思想斗争本身成了目的本身，那么我们就不是在对问题进行批判性思维，而只是抗拒。

8. 分散注意力

有些人厌恶沉默，不喜欢安静地独立思考。我们许多人通过看电视、听音乐、聚会、工作等方式，让自己逃避批判性地思考生活中遇到的难题。政治人物也会用威慑或恐怖主义不吸引公众的注意力，让人们无暇思考经济或卫生保障等方面的社会问题。人们往往会大吃大喝，而不去审视导致自己感到不满足或不幸福的原因。

妨碍注意力这种妨碍思考的因素，会导致我们无法清晰思考，相反，佛教哲学崇尚沉静和冥想，把它视为获得智慧和知识的方式。

（二）思想狭隘

与抗拒一样，狭隘的思想和僵化的信念也是妨碍正确思辨的因素。

1. 绝对主义

我们的举动经常与自己原来固有的道德信仰相悖，就像发生在米尔格拉姆实验中大多数参与者身上的那种情况，这仅仅是因为我们缺乏必要的批判性思维技能来反驳权威人物的不合理要求。特别是认知发展水平处于第一阶段的大学生，他们认为信息要么是对的，要么是错的，"寄希望于专家教给自己完全正确的知识。"当他们还面临类似米尔格拉姆实验中的"电击"情境时，他们不具备批判性思维技能来对抗权威人物的"推理"。

2. 害怕挑战

我们也因为害怕自己原来坚持的信念受到挑战而不能勇敢地去面对别人。

如，有些人认为，改变自己对某个问题的态度是懦弱的表现。但实际上，优秀的批判性思维者具有开放性，乐于根据反面证据改变自己原来的立场。

许多人竭力抗拒与自己原来信念相左的信息和证据，尤其是自尊水平较低或者自我中心人格的人更是如此。他们会把别人表达反面的意见或证据看成是一种人身攻击。

3. 种族优越感

种族优越感是指不加批判地或无正当理由地相信自己所在的群体或文化具有内在的优越性。其特征表现为，个体对外国或外来文化表示怀疑或缺乏了解。有种族优越感的人经常根据刻板印象和舆论对其他群体、文化和国家做出判断，而不是依照真实信息。

不加批判的爱国主义——民族优越感的一种形式——会使我们无视自己文化中的瑕疵和不断恶化的状况。

（三）合理化与双重思想

尽管有时候哪个是最佳的选择方案一目了然，但更多的情况却是，我们在做决定时需要对互相矛盾的观点深入分析。

当面对相互对立的方案时，有些人能够轻易迅速地做出决定，是因为他们以前对某个方案已经有所偏爱。如此一来，他们对自己的选择进行辩护或做出合理解释的依据是个人喜好或观点，而不是基于对两种观点的批判性分析。心理学家研究发现，个体对自己的决定进行合理化的同时伴随着强烈的满足感，从而能够进一步说服个体认为自己的偏好是恰当无误的。

在试图为自己过去某些不符合理性形象的行为进行辩护时，我们也会运用合理化的机制。儿童骚扰者也许会把自己看成是温柔亲切、充满爱心的人，孩子们喜欢与他们在一起；而一个欺骗了爱人的人，当谎言被发现时，他可能会把谎言解释为，自己是出于关心爱人，为了不伤害对方感情的话才撒谎的。

由于合理化会忽视相互矛盾的观点，因此运用合理化机制的人经常会陷入双重思想。

双重思想，是指个体同时持有两种相互矛盾的观点或"双重标准"，即同时认为两种观点都是正确的。这种现象在人们面对存在强烈争议的问题上尤为普遍，比如，奴隶制度、种族和女性权利等问题。人们不是对有关这些问题的争论进行理性分析，而是不知不觉地陷入双重思想中。

如，当涉及男女是否应该平等的问题时，大多数人表示他们认为男女是平等的。但当涉及生活方式和职业等问题时，这些宣称男女平等和自由选择的人却说，女性应该是儿童的主要照料者。大多数老师对待男女学生的方式存在很大差异，即使是狂热的女权主义者也不例外，老师表扬男生的次数更多，对男生的捣乱行为也更加容忍。当老师看到自己班级录像时，大多数都对自己忽视女生和轻视女生贡献和成绩的程度感到震惊。

缺乏审视的偏见会歪曲人们对这个世界的认知。

双重思想对我们日常生活中的决定也发挥着一定的作用。女性，包括全职工作者，仍然承担着大量做家务和照看孩子的责任。尽管职业歧视是非法的，但在实际工作中，女性和少数族群依然遭受着职业歧视，而且劳动所得明显低于白人男性。虽然有证据表明，许多在坚持认为工作场所的性别歧视已经成为历史，但事实却是，男性和女性的工资差异随着年龄的增长而不断拉大。

（四）压力障碍

尽管一定程度的压力能够激发思考，但如果承受压力过大，大脑会变得迟钝，思考能力也会下降。

研究者表明，当人们遭遇飞机失事、飓风、洪水、火灾等灾难时，大多数人的思维处于呆滞状态。据美国联邦航空局和民用航空航天医学研究所的专家介绍，大多数人会被灾难吓得"目瞪口呆、不知所措"，想不起来采取行动使自己脱离险境。

我们可以通过内心演练自己面临着各种压力场景时该做何反应，来消除压力对批判性思维的消极影响。在火灾或恐怖袭击等情况下，重复演练过从大楼的最佳路线撤离的人，比没有演练过的人更容易采取行动，迅速逃生。更为重要的是，内心演练可以帮助我们更好地熟悉任务。

阅读与思考：

1.如何全面客观地认识情绪在思辨中的作用？

2.自我中心的人在思维中具有怎样的特点？自我中心的人的思维的本质是什么？为什么说理性思辨能够避免自我中心倾向？

3.社会中心的人在思维中具有怎样的特点？社会中心的人的思维的本质是什么？为什么说理性思辨能够避免自我中心倾向？

4.为什么抗拒会影响正常的思辨？抗拒这种心理倾向具有哪些表现？如何避免？

5.什么是思想僵化？它有哪些表现形式？为什么分影响正常思辨？如何避免？

6.什么是合理化和双重思想的心理倾向？它们为什么会影响正常思辨？

活动设计：

查阅相关资料，说明影响思辨的主观因素有哪些，分析这些主观因素是如何影响人的思辨的，并给人们提出一些合理化建议，提醒人们如何发挥其积极作用避免其消极作用。

第六章　思辨与证据

引言

有几分证据说几分话，有七分证据不说八分话。

——胡适

证据，是用来证明某一观点正确或错误的依据。

在认证的过程中，证据是我们相信某一结论的基础或前提。由于分析能力是评估某一论点所必需的，所以我们首先需要确定作为分析基础的证据是准确和完整的。证据可以来源于很多方面，有些是可靠的，有些则未必。学习如何评估证据的可信度和准确性是思辨的重要任务。

—

证据影响论点或主张

例1：1973年，当18岁的高中生彼得·赖利从教堂集会回到康涅狄格州迦南市的家中时，他发现母亲倒在卧室的一片血泊中，已经死去。现场惨不忍睹，而且死前还遭受过严重的性侵犯。赖利立即报了警。虽然赖利身上没有任何血迹，而且他本身也没有任何犯罪前科，但是警察仍然怀疑他就是杀人凶手。他的母亲是一个很难相处的人，经常以贬低他人取乐，即使对自己的儿子也总是恶语相向。

当被带去问话时，赖利认为如果据实以告，事实可以很快解释清楚，自己肯定会被无罪释放，所以放弃了请律师的权利。一队警察对赖利展开了轮番讯问，并不断暗示他与母亲发生了口角，怒火胸中烧而将其杀死。当赖利否认这一指挥时，警察不断地强迫他去挖掘自己的潜意识，试图让他找回失去的记忆。在长达16年小时的疲劳轰炸之后，赖利开始"回忆"起了一些事情，这些记忆起初还很模糊，但随着时间的推移变得清晰起来，记忆中正是他杀死了自己的母亲。又过了几个小时，已经筋疲力尽、思维混乱的赖利终于在供认状上签了字。尽管清醒之后，赖利开始对自己是凶手产生了怀疑，并提出了质疑，但在审判中，他自己签字的供认状还是成了无法推翻的证据。

最终，赖利被判一级杀人罪。直到两年后，有证据表明，谋杀案发生时，赖利在几英里之外，他不可能是杀人凶手。赖利终于被免除罪名并释放。虽然提供了有力的不在场证据，但是康涅狄格州的一些警察开始仍然认为，赖利就是凶手。谋杀他母亲的凶手始终没有找到。

（摘录自 [美国] 朱迪丝·博斯著《独立思考》第85~86页）

证据充分或缺乏证据，是人们选择相信某一论点或主张正确或很可能正确的原因。

赖利一案表明，社会期望和诱导性问题能够改变一个人的信念和记忆。人们应该有更强的思辨能力，对证据进行全面评估，对思维中的各种错误时刻保持警惕，实事求是地分析发生的状况，避免被先入为主的观念所左右，草率地得出结论。

在我国，人民法院认定案件事实时，必须在公诉机关、当事人向法庭提供的证据，以及人民法院依职权收集的证据的基础上，根据法庭调查结果，斟酌法庭辩论内容，依法认定案件事实。法律审判要以事实为根据，以法律为准绳，在侦察和审判过程中，对证据的评估和审查十分重要。社会经济、政治、文化、科技生活中，对证据的评估同样十分重要。

阿尔·戈尔在《攻击理性》一书中提出，美国政府之所以错误地（作者的看法）陷入伊拉克战争之中，是由于领导人不能有效地分析证据，而发动这场战争时，最需要的证据莫过于伊拉克拥有大规模杀伤性武器。战争结束后，人们并没有在伊拉克找到大规模杀伤性武器，美国为错误的证据而付出了高昂的代价。

二

要对各种证据进行思辨

例2:《吕氏春秋·颜回讨米》记载，孔子受困于陈蔡时，曾有七天未尝过米饭的滋味。一天，弟子颜回讨来一些米煮饭。在饭快熟时，孔子看见颜回居然用手抓取锅中的饭在吃。孔子故意装作没看到。当颜回进来请孔子吃饭时，孔子站起来说："刚才梦见先祖，食物是否干净，若干净的话我要先献给尊长。"

颜回说："食物不干净，刚才我是看见有煤灰掉到锅中，于是把弄脏的饭粒拿起来吃了。所以食物是不干净的。"孔子顿时悟出了一个道理，对他的弟子们说，"所信者目也，而且尤不可信，所恃者心也，而心尤不足恃，弟子记之，知人固不易也。"

证据的来源是多种多样的，要对各种证据进行思辨。

　　逢事必须从上下、左右、前后各个角度来认识分辨。我们主观的观察了解，只能说是片面，只是真相的千分之一，单一角度判断，是不能达到全方位的关照的！当你要对一个人下结论的时候，想想这个故事，真的是你所看到的才是事实吗？眼见未必为实。

　　为什么"眼见未必为实"呢？这是因为，我们感觉器官（包括眼、耳、鼻、舌、身）感觉到的是事物的现象，而现象具有多变易逝的特点，所以你现在看到的未必是真实的；现象也可能是部分现象，如果我们只看到部分现象，那么就可能犯主观片面的错误。事物的现象还有真相和假想之分，真相以正面的、肯定的方式体现事物的本质，假象则以反而的、歪曲的方式体现事物的本质。事物的本质和规律是相对稳定的，事物的本质和规律是各种各样的现象体现，所以，如果我们把握不住现象背后的本质，如果我们只感觉到部分现象，那么这样的感觉是不可信的，我们必须透过现象把握事物的本质和规律，才能真正地把握事物。

　　证据可以来源于亲身经验，也可以来源于其他途径。亲身经验得出的结论要认真辨析，以分清是否全面把握了事物的各种现象，是否把握了事物现象背后保持稳定的本质；对于来源于其他途径获得的证据，我们更要进行仔细思考和辨析：你从其他途径得到证据是否是真实的、是否是全面的、是否是稳定的、是否与结论相关，等等。

　　只要没有其他反面的证据，以自身经验作为可靠的证据去相信某一论断就是合理的。同样，如果某一自己亲身经验相冲突，那么人们就有很好的理由去质疑它。

三

要对直接经验和错误记忆始终保持警惕

例3：2002年发生在华盛顿特区与弗吉尼亚交界处环形路的一起枪击案中，福克斯新闻频道首先报道了一名目击者声称看到犯罪嫌疑人驾驶的是一辆白色货车逃走。这条新闻播出后，相继又有多名目击者向警方证实，在其他犯罪现场也看到犯罪嫌疑人驾驶的是一辆白色货车。经过在全国范围内对白色货车的搜捕后，警察发现犯罪嫌疑人当时驾驶的是一辆蓝色汽车，而不是目击者们所说的白色货车。由于听信了这些目击错误的描述，警察在抓捕嫌犯的过程中浪费了大量时间。

有效的思辨要求我们愿意审视自身经验的准确性。大脑会对感官经验进行组织与解释，而不是直接记录，因此，直接的感官经验并非绝对可靠，即使某些重大事件对人们来说"仿佛就发生在昨天"，但这些记忆并不像科学家曾经认为的那么稳定。1986年发生了"挑战者号"航天飞机爆炸事件，四年后对当时的目击者进行了一项调查，结果发现，很多人关于那次航空灾难的记忆已经发生了惊人的变化，甚至"看见"了一些根本没有发生的事情。

随着时间的推移，语言也能改变记忆。当警察如果采用诱导性问题进行询问时，证人的证词有可能产生偏差，对事件的记忆甚至也会发生改变，这个时候问题就变得非常严重，如例1"彼得·赖利事件"中被错误定罪正是如此。

语言改变事实的力量有时真的令人触目惊心，这可以通过诱导性的问题如何改变目击者对某一事件的感知体现出来。在一项研究中，参与者首先观看了一场车祸短视频，然后回答下面的其中一个问题。

问题都是关于发生车祸的车辆行驶的速度，但每个问题询问的方式稍有不同。

下面是一项有关语言改变事实的研究资料，当询问者采用清的语词时，被询问者会得出不同的结论，括号中是每个问题答案的平均值：

1. 当两辆车猛撞在一起的时候，它们的速度有多快？（每小时60公里）

2. 当两辆车冲撞在一起的时候，它们的速度有多快？（每小时55公里）

3. 当两辆车撞击在一起的时候，它们的速度有多快？（每小时50公里）

4. 当两辆车碰撞在一起的时候，它们的速度有多快？（每小时45公里）

5. 当两辆车碰触在一起的时候，它们的速度有多快？（每小时40公里）

虽然事实上他们看到的是同一个车祸的短视频，但参与者会根据动词的强烈程度给出不同的速度。当问题中提到两辆车是猛撞或冲撞在一起的时候，参与者的回答速度最高，而当问题中提到两辆车仅仅是碰触在一起的时候，参与者回答的速度则要低得多。

不准确甚至错误的记忆能够和真实的记忆一样栩栩如生，令人深信不疑。有关资料显示，在案件侦破工作中，目击者指认错误率现在已经超过50%。例3中，目击者对犯罪嫌疑人的错误指认已经成为误判产生的首要原因。

人们确实非常容易受到他人描述的影响，常常无意地改变自己的记忆，甚至能够生动地回忆起从未发生过的事，这种现象被称为虚假记忆综合症。

为什么有些人更容易产生扭曲的记忆呢？该领域最著名的专家伊丽莎白·洛夫特斯解释说，有些人没有在记忆的过程中进行充分思辨，而只是不假思索地接受，因此就容易产生虚假的记忆。当事情发生时，保持警惕并仔细分析，对"记忆"中出现的矛盾的地方提高警惕，我们就会更少受到错误和歪曲记忆的欺骗。

四

传闻和轶事证据的不可靠

例4：自古以来，历史上就有很多关于天空中无法解释的现象的记载。然而，直到20世纪40年代末，美国新墨西哥州罗斯威尔发生了著名的"飞碟坠毁"事件之后，有关UFO的报告才如雨后春笋般的出现。显而易见，正是追求轰动效应的媒体报道促使了更多UFO目击事件的出现，1909年《波士顿先驱报》上一则关于发明新型飞行器的报道，导致了数百起对根本不存在的相关事件。

1948年，美国空军开始记录UFO目击事件，这是蓝皮书计划的一部分。截止到1969年，蓝皮书计划已经收录了12618起UFO目击事件，其中90%的UFO目击事件被证实只是天文或天气现象、飞机、气球、探照灯、高温度废气和其他自然现象，而其余10%则无从考证。1968年，美国空军授权科罗拉多大学教授爱德华·肯顿开展了一项研究，研究最终得出结论，根本没有证明UFO存在的任何证据，与其相关的科研工作应该立即中止。正是由于该研究结果，蓝皮书计划也得以中止。

尽管官方已经就UFO根本不存在这一事实达成一致意见，但是

2002年进行的一项民意调查显示，仍然有大约超过一半的美国加拿大人相信UFO的存在，其中30岁以下的年轻人相信UFO存在的比例最高。调查还发现，很多美国人认为，美国政府对民众隐瞒了有关UFO和外星生命形式存在的信息。

（摘录自 [美国] 朱迪丝·博斯著《独立思考》第111页）

我们不应该轻信他人提供的信息，尤其是一些推测出来的或道听途说的证据或评论。

传闻，指的是某人从他人那里听到然后复述给其他人并最终被你听到的证据，这样的证据尤其不可信。有一个游戏，在游戏中我们悄悄地告诉一个人一句话，然后把这句话悄悄告诉下一个人，依次进行，直到最后一个人把听到的话说出来，最初的信息经过传递之后往往变得面目全非，令人忍俊不禁。

轶事证据，指的是基于个人证词的证据，这类证据同样不可信。因为它同样来自不准确的记忆，并且人们往往倾向于夸大或歪曲自己的经历，以符合我们的期望。例如，很多人报告曾经目睹过UFO（不明飞行物）的出现，甚至有些人声称自己曾被外星人绑架。然而，尽管他们的信念非常真诚，但是轶事证据在缺少物证的情况下仍然不能成为UFO和外星人存在的证据。

在现实生活中，由于现代信息技术的发展，微信、手机短信等传播信息途径很多，而且形成了海量信息，所以对于各类信息，我们都要进行辨析思考，不能不假思索随意传播，形成不良的社会影响。

五

要对专家证言的可靠性进行思辨

信息最可靠的来源之一是相关领域的专家。当求助于专家时，我们应该寻找在该问题的相关领域富有见识的人，这一点至关重要。如果我们使用的是非相关领域专家的证词，我们就犯了诉诸不恰当权威的谬误。

在寻找专家的过程中，我们应该仔细检查他们的背景，包括：

1. 权威机构的教育或训练。

2. 该领域内做出判断的经验。

3. 作为专家在该领域内同行中的声誉。

4. 该领域内取得的成就，包括发表的学术论文和获奖情况。

5. 该专家是否具有社会正义感和社会责任感，是否被少数利益集团所利用和控制。

遗憾的是，专家证词并非万无一失。不同专家之间也可能会出现分歧，这时我们就只能自己判断或者寻求更多的证据。此外，专家有时也是有某种倾向性的，尤其是那些有着特殊目的的团体或公司雇佣的专家，支持某一特定的观点可以为这些团体或公司带来经济利益。

例如，长时间以来，人们一直认为牛奶和乳制品能够维持成年人骨骼的强健。然而，这种看法并没有得到科学的证实。它之所以得到宣传主要是受到了经济利益的驱使，以便更好地促进日常乳制品的销售。美国国家乳制品委员会一直在吹捧牛奶对各个年龄段人群都有好处，但医学界的专家，包括来自哈佛公共卫生学院和美国责任医疗医师委员会的研究者提出，他们的实际研究表明，牛奶实际上会加速成年人骨质的流失。最近，作为政府机构，美国联邦商务委员会为了保护消费者，减少不公平和误导性的市场行为，勒令美国国家乳制品委员会撤回关于牛奶能够预防骨质疏松症的广告。

先入为主的观念或假设也会影响专家对证据的解释。布兰登·梅菲尔德是俄勒冈州的一名律师，在波特兰被逮捕，原因是2004年3月11日西班牙马德里发生火车爆炸之后，他的指纹神秘出现在了爆炸者使用的塑料袋上。虽然西班牙的执法部门对于该指纹是否属于梅菲尔德持有怀疑态度，但是美国官方坚持认为"绝对符合，无可争议"。后来证实，该指纹属于一名在西班牙居住的阿尔及利亚人。美国司法部门由于受到先入为主的观念的影响，错误地逮捕了梅菲尔德。

尽管我们说专家是可靠证据的有效来源，但是他们也可能会产生偏见或者曲解数据。因此，评估观点的能力至关重要，尤其是面对具有明显倾向性或者与其他专家的分析相冲突的观点时。我们不能迷信权威，而要对权威的观点进行认真辨析思考。

六

要对各类证据进行评估

对某个观点的证据所做的分析应当是准确、无偏见的，而且要尽可能全面。可靠的证据应该与其他相关证据保持一致。此外，支持该观点的证据越充分，则该观点就越可信。从思辨的角度来看，盲目地坚持缺乏证据支持的立场有百害而无一利。

有时，人们无法为某一观点找到可靠的证据，在这种情况下，就应该去寻找与该观点相矛盾的证据。当存在反对某一观点的证据时，就有很好的理由去怀疑它。然而，如果没有矛盾证据，应该保持开放的态度，认为该观点还是有可能正确的。

在评估某个观点时，人们需要提防证实偏差的出现。证实偏差是指人们倾向于寻找支持自己原来假设的证据，拒绝与自己观点相矛盾的证据。这种倾向如此强烈，以至于当出现一些与自己深信不疑的观点相矛盾的证据时，人们会忽视甚至曲解这些证据。

在一项研究中，针对死刑是否应该废除，持支持和反对观点的人居然引用了同一项研究成果，即关于死刑是否能够起到威慑犯罪作用的研究，但是，他们通过不同的解释以支持各自的观点。如果证据不能支持自己的观点，人们会将注意力集中到研究的缺陷上面，并质疑研究的有效性，在一些情况下，甚至会有意歪曲证据以支持自己的立场。政客也会挑选有利于自己立场的证据，阅读持有相同观点的文章，听取支持自己先前信念的证据。2002年，华盛顿的美国政策制定者们宣称，有确凿证据证明伊拉克藏有大规模杀伤性武器，反映出的正是这种情况。相同的情况还会出现在一些新闻播报员和记者身上，他们对特定的事件存在着坚定的信念，往往也会犯证实偏差的错误。

证实偏差也可能以其他形式出现。例如，当证据不支持自己的观点时，人们往往会对其进行更加严密的仔细检查。美国广播公司《今夜世界新闻》主持人彼得·詹宁斯介绍了一项"反驳"触摸疗法的研究。触摸疗法是一种在印度被广泛使用的治疗方法，治疗师利用自己手中的"能量"帮助病人纠正体内的"能量场"。这项研究是由一名四年级学生艾米莉·罗莎作为科学课程的一项课题完成的。后来，一家权威医学期刊引用了这项研究。以该研究为基础，期刊编辑断定触摸疗法是无效的。因为该编辑本身就对非传统疗法有偏见，他将所有涉及触摸疗法的"研究"都看作低标准的证据，甚至是无效的。

由于人们习惯于犯证实偏差的错误，很多学术性科学期刊要求研究者同时呈现否定性的证据以及相关数据的反面解释。脑成像研究发现，当人们遇到肯定自己先前偏见的结论时，即使最终证明该结论是错误的，做决定的过程也伴随着愉悦的反应和快乐的情绪。

作为一个优秀的思辨者，我们应该有意识地发展出一些策略，强迫自己仔细检查证据，尤其是那些肯定先前观点的证据，以质疑的眼光和开放的心态面对那些与自己的观点相矛盾的证据。

在评估证据时，对可靠性程度的要求取决于具体的情况。对行为的影响越大，对证据的可靠性和确定性提出的要求就应该越高。依照法律，法庭在定罪的要求证据必须非常可靠，因为宣判一个无辜的人有罪的后果是非常严重的，必须尽力避免重蹈赖利一案的覆辙。当然，对于生活中的小事，比如早上天气预报说今天有雨，这对出门带雨伞或雨衣的决定来说绝对是一个充足的理由。

七

要研究各类可以作为证据的资源

我们现在所处的时代，信息以惊人的速度增长。我们每天都会被报纸、电视、网络和其他媒体带来的海量信息所淹没。当使用来自媒体尤其是大众媒体的证据时，人们需要仔细考虑证据的来源以及是否存在偏见。

一些文学作品，如，小说、诗歌、甚至一些社论，都不是基于事实而写的，因此不能作为认证某个观点的证据。

对一些观点进行评估，包括辨析事实与虚构，需要良好的研究技巧以及收集、评估和综合相关证据的能力。研究中需要时刻保持开放的心智，仔细检查获取的信息，评估信息来源的可靠性，以及将所有信息提供的证据综合在一起并在此基础上提出结论的能力。

一个优秀的思辨者应当像科学家一样，在得出结论前，要花费大量时间收集信息和研究论点。在开始一项研究之前，试着与该研究领域的专家约定一次会谈。专家能够为你提供信息并向你推荐权威的书刊。会谈时不要依赖于你的记忆，要做好准确的记录，如果对听到的话不确定，要当面重复以避免错误。

图书馆资料是很有价值的信息来源；词典和百科全书是开展研究的另一个有价值的资源；图书目录对研究者来说是非常宝贵的；学术期刊中的文章已经通过了同行专家的审阅，因此参考价值较大；政府公文也是非常可靠的信息来源，我们应该更多利用；互联网提供了大量的信息，但对这些信息要做大量细致的甄别工作。

在从事研究时，无论你正在使用何种资源，都应该做准确的记录或者对文章进行备份。为资料保留完整的引用信息以便日后进行参考，如果需要的话也可以引用。如果在发表研究时需要引用原文件作为材料，应当使用引用标记，并在致谢中列出来源。

研究某种观点或议题需要人们具备分类整理和分析相关数据的能力。良好的研究能力能够通过提供评估不同观点的工具和可以采取的行动方案，来帮助人们做出更好的决定。

阅读与思考：

1. 俗话说，"眼见为实、耳听为虚"，但实际上眼见未必为实，耳听未必为虚，试分析其中的原因。

2. 专家的观点是否作为证据，要做具体分析。你认为什么样的专家观点才能作为证据引用？

3.来自我们每个人自身的直接经验能否直接作为证据？来自一些人回忆的内容能否作为证据？为什么？

4.传闻和轶事为什么不能直接作为证据？

5.来自传播媒体的资源很多，哪些媒体的资源是可信的、哪些是相对可信的？为什么？

活动设计：

能够作为思辨证据的各类资源有哪些？试用思辨标准的相关知识分析如何正确评估各类证据。

下 篇

思辨与社会生活的关系

第七章　怀疑与发现

（思辨与科技进步）

引言

思辨的过程就是怀疑、假设和求证的过程，没有思辨就没有科学发现。

怀疑产生问题，问题激励创新。怀疑是发现的第一步，也是最重要的一步。

—

怀疑贯穿于科学发展的始终

例1：还是比萨大学学生的时候，伽利略就对亚里士多德的运动理论深表怀疑。1609年伽利略用当时最先进的望远镜进行天文观测，从更广阔的范围发现了一个秘密，原来不是太阳围绕地球运行，而是地球围绕太阳运行，他坚定了对延续了几千年的"地心说"的怀疑。1630年，他完成了《关于托勒密和哥白尼两大世界体系的对话》这一伟大著作，批评了亚里士多德自然哲学的基本原则，反驳了对地球自转的责难，讨论了地球绕太阳公转，捍卫了哥白尼的日心说，宣告了近代实验科学的诞生。《对话》于1632年3月出版后遭到教会的查禁，伽利略被判处终身监禁，在宣判之后，这位70岁的老人喃喃自语："可是，地球仍在转动呀。"

例2：达尔文1831年12月到1836年10月贝格尔号环球航行中收集了各种植物标本、挖掘古生物化石、记录地层情况，物种的巨大丰富性和连续性，由此，他对流行的物种起源的上帝创造论产生了怀疑，经过长期的研究，1859年11月24日达尔文出版了生物学史上划时代的巨著《物种起源》，进化论学说宣告诞生。

许多重大的科学发现都是从怀疑中诞生的，科学技术的发展史，就是一个怀疑与发现的历史。

也许是文化传统的关系，中国教育界盛行的依然是分数教育、技能型教育，这种教育的一个消极后果是培育了不少科学神话，树立了不正确的科学形象，形成了对科学的不正确看法。首先是将科学理论固定化、僵化，使学生以为科学理论都是万古不变的永恒真理，不知道我们既要学习科学理论，又要以实践为基础对科学理论加以完善和发展；其次是将科学理论神圣化、教条化，以为科学的东西是毋庸置疑的、神圣不可侵犯的，如果有这样的不正确观念必定会形成思维定势，就会约束和限制人们思维的进一步发展；最后是将科学技术化、实用化，忽视了科学的文化功能和精神价值，事实上，一部科学发展的历史就是一个不断怀疑、发现和创新的历史，是人类不断突破已有的局限，使认识不断深化、拓展和发展的过程。

在教科书纷至沓来的新概念、新术语、新公式、新定律面前，我们的学生渐渐形成了这样的观念：这就是真理，学习它，记住它。久而久之，历史性的、进化着的科学理论被神圣化、教条化，人们不知道这个理论从何而来，为什么会是这样，但我们还要相信它是真的，因为它是科学。这种教条的态度明显地与科学精神格格不入，但在科学教育中产生这样的态度又是相当普遍的，因为学生不知道一个理论源于哪些问题，有多少种解决问题的方案，以及为什么人们选择了其中一种并称之为科学理论，学生也不知道一个理论是可能错误的，并非万古不变的教条。所有这一切，在忽视并不重视思辨能力培养的教育中，在以灌输知识为目的的教学中肯定得不到应有的反映，它不自觉地剥夺了学生的怀疑和批判精神，而怀疑和批判精神对于科学的发展恰恰是不可或缺的。我们经常看到，人们对科学理论怀着一种崇敬的心情，似乎只要是科学的，就肯定是正确的、是好的。这种心情无论对于理解科学理论的真正价值，还是理解该理论的条件性和局限性都没有益处。

所以，我们要树立这样的观念：没有怀疑就没有发现，怀疑是科学发展的起点。

二

怀疑精神是科学精神的体现

例3：牛顿二十三岁时，鼠疫流行于伦敦。剑桥大学为预防学生受传染，通知学生休学回家避疫，学校暂时关闭。牛顿回到故乡林肯郡乡下。在乡下度过的休学日子里，他从没间断过学习和研究。万有引力、微积分、光的分析等发明的基础工作，都是这个期间完成的。

那时，乡下的孩子是常常用投石器打几个转转之后，把石抛得很远。他们还可以把一桶牛奶用力从头上转过，而牛奶不掉下来。

这些事实使他怀疑起来："什么力量使投石器里面的石头，以及水桶里的牛奶不掉下来呢？对于这个问题，他曾想到刻卜勒和伽利略的思想。他从浩瀚的宇宙太空，周行不息的行星，广寒的月球，直至庞大的地球，进而想到这些庞然大物之间力的相互作用。这时，牛顿一头扎进"引力"的计算和验证中了。牛顿计划用这个原理验证太阳系各行星的行动规律。

地球的距离，由于引用的资料数据不正确，计算的结果错了。因为依理推算月球围绕地球转，每分钟的向心加速度应是十六英尺，但据推算仅得十三点九英尺。在失败的困境中，牛顿毫不灰心和气馁，反而以更大的努力进行辛勤地研究。整整经过了七个春秋寒暑，到三十岁时终于把举世闻名的"万有引力定律"全面证明出来，奠定了理论天文学、天体力学的基础。

怀疑促使牛顿研究客观世界、探索世界的奥秘，从而成就了他的伟大发现。

科学精神是人类认识自然的活动及其成果的精神积淀，集中表现在：主张科学认识来源于实践，实践是检验科学认识真理性的标准和认识发展的动力；重视以定性分析和定量分析作为科学认识的一种方法；倡导科学无国界，科学是不断发展的开放体系，不承认终极真理；主张科学的自由探索，在真理面前一律平等，对不同意见采取宽容态度，不迷信权威。

由此，科学精神只相信客观事实和客观实践。一切主观的东西都要在实践面前得到检验，否则不可能成为真理性的认识；一切真理都是相对的、有条件的，没有绝对的永恒不变的真理；最高的权威是客观实践而不是哪一个权威人士。

所以，坚持科学的精神，就要坚持怀疑的精神，对一切已有的结论加以怀疑。没有实践检验过的认识当然必须怀疑，即便已经受到实践检验的认识随着时空的变化也可能发生变化，也值得怀疑，在科学精神面前，没有一切权威，没有一切不值得怀疑。正如笛卡尔所说的，"唯一不值得怀疑的是怀疑本身"。

当然，怀疑一切不是否定一切。怀疑一切是对各种学说理论中可能存在的错误的倾向性态度，这是由科学精神的要求所决定的，因而是科学的态度和做法；而否定一切则是对各种学说和理论的根本否定，这是完全错误的，只有当我们在怀疑并采用科学的手段和方法证明已有的学说和理论不符合客观实际，那么我们才能采取否定的态度。

如果我们坚持了科学的怀疑态度，那么我们不但不应该否定一切，相反我们应该相信科学，这是因为：

科学具有理性客观的特点。从事科学研究不以"神"、"鬼"、"仙佛"、"上帝"为前提（也许一些科学家仍会信仰宗教，但科学研究过程仍然要坚持理性客观的态度），一切以客观事实的观察为基础，通常科学家会设计实验并控制各种变因来保证实验的准确性，以及解释理论的能力。

科学具有可证伪的特点。"可证伪"来自卡尔·波普尔的观点，人类其实无法知道一门学问里的理论是否一定正确，若这门学问有部分有错误时，人们可以通过严谨方法证明这部分的错误，保证科学的理论客观的特点。

任何科学结论都有其适用范围。也就是说没有放之四海皆准的绝对真理，任何科学理论都是相对的、有条件的，而不是绝对的、无条件的。牛顿经典力学只适用于宏观物体的运动规律，到了微观领域，则适用相对论和量子力学。

任何科学结论都具有普遍必然性。科学理论来自实践，也必须回到实践，它必须能够解释其适用范围内的已知的所有事实。

三

科学在怀疑中发展

例4：洛仑兹是麻省理工学院名誉教授，1963年发表论文《确定性非周期流》。首先打开了混沌的缺口，使这深奥的概念开始袒露在人们面前。他学数学出身，1938年大学毕业，因第二次世界大战，洛仑兹纳入军队之中，成了一名空军气象预报员，从而对气象产生了浓厚的兴趣。战后回麻省理工学院他还是不忘研究气象。

洛仑兹因为是学数学的，所以喜欢提出数学模型，他不在乎简化，事实上没有简化就没有科学。他从非对流问题的偏微分方程入手，得到12个常微分方程，再做简化，最后得到3个一价微分方程，它们构成一个系统——三阶微分方程组，后来名扬四海，大家称之为洛仑兹方程。

为了研究这一组方程，洛仑兹采用麻省理工学院"皇家马克比"计算机，计算机启动后发出刺耳的尖叫声，每周都要出一次故障的机器，尽管如此，这在当时就是比较先进的计算机了。洛仑兹就是用它模拟天气变化，似乎没有人真正相信这东西演示的结果，所以大家戏称它处理的气象是"玩具气象"。

当时在"气象预报"上有两种截然不同的观点：一种认为气象预报可以像哈雷彗星那样给出精确的预测，只是计算工作量过于庞大；另一种则认为"天有不测风云"，气象很难给出预报。而正是洛仑兹在计算之前抱着可以精确预测的观点。

突然有一个机会突然降临到洛仑兹的身边：因为计算机的低效，计算往往要持续一整天，甚至更长，而又由于计算机经常出现故障，所以细心的洛仑兹往往要计算两遍以上，这一天他正好在计算第二遍，中午有事，他为了方便把中间结果输出，下午继续，最后发现计算一整天的结果与第一遍面目全非。

他计算了很多遍，产生了一个重大的怀疑："长期天气预报注定要失败。"

他回忆说，"一位普通人看到我们可以提前几个月很好地预报潮汐，就会问为什么对大气不能如法炮制；两者只不过是不同的流体，运动规律大致是同样复杂的。但我认识到，任何具有非周期行为的物理系统，将是不可预报的"。

1963年洛仑兹发表于《大气科学杂志》第20卷第130页的开创性文章并没有引起人们的注意，更谈不上重视，只是悄无声息，不起波浪。1972年，洛仑兹在美国气象学家分会华盛顿会议上将论文标题改为"在巴西的蝴蝶扇动翅膀引起得克萨斯州的一场龙卷风吗？"的报告，这便是著名的蝴蝶效应，于是洛仑兹名扬天下。

洛仑兹发现，事实上在较长的时间里旋转可能多次反向，它永远达不到恒定速度，也不以任何可以预报的方式重复。在关于混沌的成千上万的论文中，很少有哪篇比"决定性的非周期流"被引用更多。在许多岁月里，也没有哪一个研究对象像这里所画的那条神秘曲线，那个后来被称为洛仑兹吸引子的双螺旋线，引出这样多的图片说明，甚至动画片。

洛仑兹的图形第一次表明"这是复杂的"一语的含义，混沌的全部丰富内容尽于此。洛仑兹用"伟大的怀疑"，贡献给世界一个"非线性的世界"。

为什么一个"伟大的怀疑"会贡献给世界一个"非线性的世界"？这是因为：

怀疑是科学探索的起点、发现的源头。任何怀疑的背后是思考和探索，没有怀疑就没有思考，也就没有探索的历程。怀疑是研究的开始，也是探索的开始，在探索中人们的认识得到深化，在探索中各种假设得以展开，各种求证开始实施，在此基础上，认识得到深化，进而有所发现，有所发明。

在古代的欧洲，人们还长时间地利用动物的皮比如羊皮来书写文字；而中国，在造纸术发明以前，甲骨、竹简和绢帛是古代用来供书写、记载的材料。但是甲骨、竹简都比较笨重，所以会有汗牛充栋这个成语的产生；绢帛虽然轻便，但是成本非常昂贵，也不适于书写。到了汉代，由于西汉的经济、文化迅速发展，甲骨和竹简已经不能满足发展的需求了，从而促使了书写工具的改进——纸被发明出来了。造纸是一项重要的化学工艺，纸的发明是中国在人类文化的传播和发展上，所做出的一项十分宝贵的贡献，是中国史上的一项重大的成就，对中国历史也产生了重要的影响。

我们不知道造纸术发明的很多细节，但是可以肯定的是，古代的中国人在日常生活中认识到了竹简的笨重、绢帛的昂贵，如果有其他既轻巧又便宜的替代品多好啊，有什么可以作为替代品呢？这就是问题，就是疑问。蔡伦认真总结了前人的经验，他认为扩大造纸原料的来源、改进造纸技术、提高纸张质量，就可以使纸张为大家接受。在蔡伦之前，人们通常用麻类作为原料，但麻类原料同样比较缺乏，并用加工流程复杂，蔡伦第一次尝试使用树皮造纸，因为树皮是比麻类丰富得多的原料，随地可取，这可以使纸的产量大幅度的提高。树皮中所含的木素、果胶、蛋白质远比麻类高，因此树皮的脱胶、制浆要比麻类难度大。这一实践中的难题这就促使蔡伦不断改进造纸的技术。西汉时利用石灰水制浆，东汉时改用草木灰水制浆，草木灰水有较大的碱性，有利于提高纸浆的质量。元兴元年（公元105年）蔡伦把他在尚方制造出来的一批优质纸张献给汉和帝刘肇，汉和帝很称赞他的才能，马上通令天下采用。这样，蔡伦的造纸方法很快传遍各地。

　　蔡伦发明纸张，与他注重对实践中产生的问题的分析、探索精神有很大的关系，实践中产生的问题和问题的不断解决的过程使得造纸术这一为推动人类文明传承的重大发明诞生了。

四

从怀疑到科学的过程：果断怀疑—大胆假设—小心求证

　　例5：为了确定天王星轨道，天文学家对其位置作了数年之久的观测，以确定其瞬时位置和运动速度。牛顿的万有引力定律，准确地描述了行星沿特定的运行轨道绕太阳公转，因此，用它便可预报行星和彗星的位置。然而，天王星的运动却出乎意料。

　　天王星的这一反常行为，给天文学界带来了许多疑问。于是他们开始怀疑：在天王星之外，是否还存在一颗未知名的行星。而验证它们所怀疑的唯一办法，就是运用天体力学将造成天王星运动的新行星算出来。

　　在此之前，英国剑桥大学数学系的学生亚当斯，得知天王星的轨道之谜后，就开始研究天王星的运行问题。他综合当时天文学家对天王星的轨道计算的一些情况，认为一定还有一颗未发现的行星存在，是这颗行星的引力影响了天王星的轨道，而不是万有引力定律或观测资料有错。

亚当斯借来天文台的全部观测资料，利用课余时间进行了大量计算。经过两年的努力，亚当斯终于在1843年10月21日完成了计算。他把结果报送给了皇家天文台台长艾利，希望他能帮助确认这颗新的行星。

但令人遗憾的是，艾利对这位年轻大学生的研究成果不屑一顾，顺手把这份资料塞进了抽屉。然而，就在亚当斯计算新行星轨道的同时，法国天文学家勒维烈也在进行同样的工作。

1846年8月31日，勒维烈发表了他的研究成果，并写出了"论使天王星运行失常的行星，它的质量、轨道和现在位置的决定。"

艾利听到这个消息后，突然想起了亚当斯的计算。于是，急忙找出来一对照，让他大吃一惊的是，其结论与亚当斯基本相同。

1846年9月23日，柏林天文台的天文学家卡勒，接到了勒维烈的一封来信和论文，当天晚上就将望远镜对准了勒维烈所说的天区，他仔细地记下了他所观察到的每一颗星，然后将新纪录的诸星与不久前刚得到的一张详细的星图进行比较，发现在勒维烈所说的位置附近有一颗新的行星。

柏林天文台发现新行星的消息传到了英国，皇家天文台台长艾利深感震惊，他立即找出了勒维烈的论文摘要，这下又让他大吃一惊，亚当斯早就给出了同样准确的预言。他连忙发表了这份一年前就交给他的论文摘要，好让这件事在科学界真相大白。

于是，卡勒与法国的勒维烈和英国的亚当斯一道，被世人公认为这颗新行星的发现者。

当时，在这颗行星的发现权问题上，英法两国还发生过争吵。同时，在给新的行星命名问题上也存有分歧。发现者之一的勒维烈主张沿袭神话神名命名行星的做法，用海洋之神耐普顿命名，这一不带有民族主义特色的主张马上得到了广泛的认同。于是，就有了现在我们所熟知的"海王星"这个名字。

怀疑是科学研究的起点，但怀疑不等于科学成就本身。如果没有天王星运行轨迹反常原因的大胆怀疑，就不会有人们认为天王星之外还有一颗未发现行星的大胆假设，也就不会有亚当斯和勒维烈的小心求证过程。

科学精神要求你怀疑一切，但怀疑完了并不是研究的结束，而是科学研究的开始。你还要提出你的设想即假设，并在此基本上小心求证，如果能证明你的怀疑是正确的，那恭喜你，你为科学的进步做出了贡献；如果你不能证明你的怀疑是正确的，没关系，再接再厉，这也是为科学事业做了点微小的工作。

以上研究过程体现了科学研究的基本范式，即：

（1）对某一现象或观点的大胆怀疑。

（2）精确实验，总结实验规律，收集更多数据资料。

（3）提出自己的假说，定量解释实验结果。

（4）根据假说，利用数学和逻辑推理，获得推论或预言。

（5）对推论或预言进行客观、精确定量、任意可重复的实验检验。

（6）修改理论或假说。

（7）实验检验假说和理论。

（8）科学研究结论的公布和诞生。

简单地说，科学研究以怀疑开始，中间经过大胆假设和细心求证的过程，怀疑、假设、求证三个过程缺一不可。

"科学理论"之所以能与"真理"齐名，是因为获取严谨性。严谨的学风、隐含在科学家的思维中，体现在科学动因、研究过程、人才培养、成果展示、实际应用等每一个环节里。怀疑是科学研究的起点，但不是全部。

五

我们要注意鉴别科学与伪科学假设

例6：16世纪的预言作家诺查丹玛斯，被现代人认为成功预测了诸如法国大革命和德国纳粹崛起等大事件，并成功预测了2001年9月11日世贸大厦袭击事件。但是与前两次预言一样，对"9·11"事件的"预测"也是在袭击之后才进入人们视野的。由于预言所使用的语言往往模糊不清，人们可以随意篡改来迎合很多类似的事件。就如同诺查丹玛斯在"预测""9·11"事件时所说的：

地球的中心燃起了大火，

将会震动整座新城，

两块巨石长时间地对峙

在那之后，阿瑞图萨把水染成红色。

伪科学是指伪装成科学并试图证明自身合理性的解释或假设。然而，与科学不同的是，伪科学的基础是情感诉求、迷信行为和夸张言辞，而科学的解释却是基于系统的观察、推理和检验等科学方法。占星术、精神治疗、数字命理学（研究数字代表的超自然含义，例如根据某人出生于2001年9月11日可以推算出此人的命运）都是伪科学的例子。

科学解释和假设要求尽可能使用精确的语言，而伪科学的解释和假设却经常使用模棱两可的语言，因此无法确定什么能够证实该假设。例如，占星术的描述往往是非常模糊的，这样的描述放在任何人身上都是适用的。因此伪科学的论断是无法证伪的，不像科学是可以证伪的。

对绝大多数的伪科学解释而言，没有相应的检验或实验来证明其有效性。当某一预测不准确时，没有人努力去查明原因或者寻找所谓的现象背后的因果机制。即便开展了少量研究，例如关于超感官感知或鬼魂等方面的研究，这些研究设计也很粗糙，其过程也难以复制。当某个精心设计的科学实验未能找到支持伪科学的证据时，这样的实验通常会被忽视。为了对抗科学提出的质疑，伪科学在澄清错误的解释时常常会将责任推卸给实验对象。例如，当一个接受信仰疗法的人未得到治愈时，伪科学可能会说，那是因为这个人不够虔诚。

伪科学的解释也无法满足预测性的标准。由于大多数伪科学的解释使用极具概括性的语言，所以几乎任何可能性都出自其预言。此外，当预测恰好支持伪科学家的论断时，他们主要依赖于轶事证据。伪科学还善于利用人类思维中的认知错误，例如，被当作超感知能力证据的某些预兆，其实不过是基于概念错误和难忘事件错误的巧合而已。

大多数伪科学的预测也都是在事件发生之后做出的。

尽管伪科学的预言缺乏科学性、合理性，但人们对它的信仰却普遍存在，为了避免这一点，我们需要提高自己的思辨能力，运用科学精神和科学方法揭开伪科学的真实嘴脸。

阅读与思考：

1. 怀疑贯穿于科学发展的始终，没有怀疑就没有发现。试举出怀疑促进科学发展的实例。

2.怀疑精神和科学精神有何相通之处？

3.科学在怀疑中发展，请说明其中的原因，并举例说明。

4.怀疑不等于发现本身，从怀疑到发现要经过怎样的过程？

5.为什么我们可以怀疑一切但不能否定一切？

6.伪科学具有怎样的特点？如何运用科学精神和科学方法揭开伪科学的真实面目？

活动设计：

1.选择人类科学发展史上一项重大的发现，并进行研究：这项重大科学发现研究为什么被提上研究的议事日程？研究的过程中积累了哪些资料？研究的过程中提出了哪些假说？研究过程中的假说是否都被证实？最终的研究成果是什么？从对这一重大科学发现的研究过程中，你有哪些启示？

2.有的认为应该尊重科学相信科学，有人认为应该怀疑一切已有结论，你认为这两者矛盾吗？为什么？

第八章　舆情斟酌

（思辨与新闻甄别）

引言

　　我们要拿来。我们要或使用，或存放，或毁灭。要运用脑髓，放出眼光，自己来拿！

——鲁迅

　　我们生活在信息时代，各类新闻拍面而来，如何对各类新闻进行甄别分析，是我们需要注意的。

一

新闻的客观真实性甄别

　　不同国家、地区、社会阶层都有其独特的文化，这些文化深刻影响着人们的生产和生活方式，也影响着人们的行为方式，其中包括新闻的发布方式。我们在日常生活中接触到了大量的新闻，这些新闻有来自主流媒体的，如电视台、公共网站、报纸、杂志，也有来自在社会公众媒介的，如口头传递的、手机短信、QQ 群、微信朋友圈等。面对多媒体时代的各类新闻，我们要成为一个有思辨能力的受众，对各类新闻进行辨识。

社会是主流媒体报道是按照以下原则进行的：

★ "从我们的角度，事情是这样的，那么，事情就是这样的。"

★ "如果有事实支持我们的观点，那么这些就是最重要的事实。"

★ "对我们友好的国家值得表扬。"

★ "对我们充满敌意的国家应该遭到批评和谴责。"

★ "最能引发读者的兴趣、激发他们情绪的故事是新闻中最重要的故事。"

而各类非主流媒体和小众范围（如 QQ 群、微信朋友圈）内传播的消息则按以下标准传递：

★ "大家希望怎样的事情，那么就是怎样的事情。"

★ "大家都在传递消息的事情，那么就是怎样的事情。"

★ "可能发生的事情，就是发生的事情。"

★ "有些消息是其他人无法证实的，所以它就是真实的。"

★ "只要有人相信这样的事情，它就是真实的。"

不具备思辨能力的人根据一些潜在标准来确认信息的真实性。这些潜在标准是：

★ "如果我相信它，它就是真实的。"

★ "如果我们相信它，它就是真实的。"

★ "如果我们想相信它，它就是真实的"

★ "如果相信它符合我们自身的利益，它就是真实的。"

所以各类新闻必须进行甄别分析。

主流媒体在向公众传递重要新闻方面作用强大，有时甚至是关键性的作用。多少年以来，中央电视台的每天的"焦点访谈"、每周一次的"每周质量报告"、一年一度的"3·15晚会"在揭露部分政府机关不作为、乱作为，披露贪污腐败，曝光假冒伪劣产品等方面发挥了重大作用。新闻主编兼记者艾达·塔贝尔（1857–1944）揭露了约翰·洛克菲勒所有的美孚石油公司的垄断行为，因而联邦政府对此进行了调查，1911年美国最高法院最终裁定将美孚石油拆分。20世纪70年代初，《华尔街邮报》的鲍勃·伍德沃德和卡尔·伯恩斯坦在揭露1972年水门事件的政治丑闻中起了关键的作用，直接导致尼克松总统在1974年下台。2005年，在卡特里娜飓风期间和之后，新闻网络将全体民众的注意力引向美国当局对重大自然灾害的准备不足，并指出制度性种族歧视在一定程度上仍然存在。

我们不能否认主流媒体在传递新闻事件中的强大功能，尽管如此，主流媒体的新闻报道是否全部是客观而真实的，确实是我们需要始终保持警惕的。这是因为，媒体与企业、媒体与政府之间存在着千丝万缕的联系。

媒体和公司相互渗透。一方面，媒体为了自身的经济利益，必定依赖公司的各类广告和赞助，没有其他公司的支持，媒体公司无以为生。另一方面，大公司为了自身利益不惜投资自办媒体公司，以控制新闻，使得新闻报道向有利于自己利益集团的方向发展。

因为广告商给媒体公司付钱，所以公众才可以"免费"观看电视节目或收听电台节目。作为交换，观众或听众必须接受广告。如果一档节目没有吸引公众的注意或者一本杂志的发行量不足，那么赞助商就会撤销广告，媒体公司就会亏本，最终这档节目或这本杂志会倒闭。因此，留住广告商是媒体公司最为关心的问题。媒体公司要留住广告商，或者公司自办媒体公司，那么受公司制约甚至操控的媒体公司在新闻采访和播放上就得有选择性和倾向性，新闻要杜绝影响广告商和赞助商利益的相关消息，有时，为了广告商和赞助商的利益甚至不惜会杜撰新闻。公司通过媒体影响公众的消费行为和消费理念，这在各国都有相通之处。

不仅如此，除了通过自己的新闻影响公众对公司的产品和印象之外，与商业公司相关联的新闻媒体公司还试图直接影响政治、影响公共政策的制定。比如，在美国，它们每年会为国会竞选活动投入巨资，在游说活动中花费甚至更多。企业可以在电视或电台上的广告时段播放广告，也可以在报纸、杂志、网络上的广告版面刊登广告，但要向媒体公司付费。在中国，公司可以通过主流媒体释放他们对国家公共政策的支持或不满，以影响政府决策。

媒体与政府相互默契。任何媒体公司都必须接受政府的管理，而任何政府都希望得到媒体的新闻支持，以使自己的政府保持良好的公众形象，这样媒体与政府相互默契，在这样的条件下，新闻的真实性和可靠性就必须大打折扣。

在西方国家，每一届政府都有自己的反对派，这样，受反对派控制的媒体会对政府提出更多负面的新闻，一方面起到了新闻监督的作用，另一方面，不可避免地出现报道的偏差和不真实性，有些新闻甚至是虚假的和欺骗公众的。所以美国很多民众认为，"与其说媒体报道新闻，倒不如说媒体制造新闻。"1985年，美国皮尤研究中心开展的一项调查发现，只有56%的美国人认为，新闻机构通常会直接提供一手真实信息，到2002年，该数字已经下降到35%，凸显了公众对新闻报道的信任度不断降低。媒体受利益集团操控和党派之争影响，西方国家新闻的真实可靠性越来越受到公众质疑。

日常生活中的大量新闻除了来自主流媒体外，来自社会公众媒介的新闻则更多更杂，如，口语相传的新闻、手机短信的新闻、QQ群中的新闻、微信朋友圈的新闻，其真实性就更值得我们怀疑和分析。这些新闻，从来源说，有的是自己亲身经历的，有的是道听途说的，前者的可靠性更大，后者则会有更多虚假性质；从传播的途径说，有的是经过自己考证和求证的，这样的人在日常生活中简直是凤毛麟角，而更多的是从自己手机或网络媒介中未经考证迅速转发的，有的人甚至只看到标题，没有看清具体内容就马上转发。一些人为求得点击率和关注度，甚至不惜杜撰虚假新闻。

曹林在《时评写作十讲》中强调，"最应该警惕的就是符合你愿望的谎言，符合你想象的假消息。当一种传言非常符合你的愿望，或某个消息非常符合你的想象时，你要警惕了，有人在利用你的弱点。作为以理性为分析工具的评论人，一定要有'一事当前，先问真假'的理性，不能让自己偏爱消费冲突的弱点轻易被别人操纵和利用。"

所以，面对各类新闻，我们必须考证它的真实性和客观性，具有思辨能力的个体会有意识地判断各类新闻背后的真实性。这些标准是：

★ "我相信它，但是它未必就是真实的。"

★ "我们相信它，但是我们也许是错的。"

★ "我们想相信它，但是这也许是因为我们内心愿望而产生的偏见。"

★ "相信它符合我们最大的利益，但是我们的利益与它是否真实无关。"

二

新闻的全面公正性甄别

例2：现如今，有线电视、卫星广播和互联网等媒体让我们眼花缭乱，不知如何选择。结果，观众或听众获得的信息日益碎片化。

美国人从哪里获取新闻？（以下数据来源于美国朱迪丝·博斯所著《独立思考》一书第291页）78%的美国人说他们从当地电视台获取新闻。73%的人说他们从国家网络或有线电视台获取新闻，前者如哥伦比亚广播公司（CBS），后者如美国有线电视新闻网（CNN）或福克斯新闻。61%的人说他们在线获取某些类型的新闻。54%的人说他们在家或在车里收听广播新闻节目。50%的人说他们阅读当地报纸上的新闻。17%的人说他们阅读全国性报纸上的新闻，如《纽约时报》或《今日美国》。

在中国，由于主流媒体新闻的雷同性较强，因而公众通过手机了解新闻的倾向性更强，而手机新闻来自各类网络消息（次主流媒体、手机短信、QQ群、微信朋友圈），其碎片化情况更为严重。

在我们身边，新闻的碎片化的一个最为明显的情况是"标题党"的出现。一些人不是客观反映事件本身，而是通过吸引人眼球的方式追求社会效应，用各种令人吃惊、震惊的标题吸引公众。

每个媒体通过自己的方式影响公众信念和公众行为。除了选择那些能够吸引大量公众的故事之外，带有偏差的新闻报道也是吸引我们的一种方式。记者也许会通过夸大某些细节、忽略或贬低他人的方式使接受新闻的大众觉得故事更加有趣，这样新闻必定与客观公正产生差距。新闻组织同时也需要让赞助商乐于继续提供资金支持。因此，新闻媒体一般不会播放或出版疏远或冒犯听众、观众和赞助商的故事。正是由于这一点，我们所收到的新闻信息往往是有选择性的、片面的。

碎片化和片面性背后是商业利益和政治利益。我们要牢记，媒体报道那些新闻在很大程度上是吸引广告商和观众兴趣的需要所决定的；我们也要牢记，媒体的新闻报道背后的政治利益是什么，是小集团的政治利益还是公共的政治利益。

当地时间2018年11月20日，特朗普就沙特记者卡舒吉一案发表声明。特朗普在声明中谈道，卡舒吉遇害一案是不可接受的、可怕的犯罪。目前，已经制裁了与案件相关的17名沙特阿拉伯人。特朗普还在声明中表示，沙特对美国非常重要。特朗普提及，沙特是世界主要的石油生产国。他认为，沙特方面会考虑美方要求，将石油的价格控制在合理的水平。而且，自2017年特朗普与沙特方面进行谈判后，沙特同意投资4.5亿美元到美国，特朗普认为这笔财富，对增加国内就业岗位、发展经济至关重要。鉴于沙特对维护美国利益如此关键，特朗普认为要和沙特继续保持伙伴关系。他声称，这是"美国优先"（America First）的体现。从这段新闻中，我们可以看到新闻背后是赤裸裸的美国利益，没有了美国一直倡导的人权、反恐等价值观，也没有了通常使用的封锁、制裁等惯用手段。

新闻的碎片化和片面性导致的直接结果是新闻的全面性不够，人们不可能了解新闻本身的全部真相，如果我们不加分析，就会受到其影响。优秀的思辨者必须理性对待和分这些碎片化和片面性的新闻中，而不能受其左右。

三

新闻中宣教的甄别

通过新闻宣传强化或褒扬某一集团或团体的观点，弱化或贬损其他集团或团体的观点，这就是宣教。

《韦伯斯特新世界词曲》将宣教定义为"特定观点、学说或惯例等被系统地、广泛地传播和推动，以深化自己的思维，弱化相反的观点。"根据这一定义，以维护局部利益集团或团体为目标的新闻报道和宣教之间就没有明显的差异了，两者间存在惊人的相似逻辑，都是系统地宣传、张扬自己的观点或系统地贬抑、弱化相反观点的价值。

因为宣教这个词带有负面的含义（意味着欺骗或歪曲），很少有新闻记者会承认他们的报道里有宣教成分。但是，如果一个人仅从单一文化、局部利益团体或集团来接收信息，他们的思维就会受到这种歪曲和欺骗的影响，这样的结果是一些人会深陷于单一世界观、价值观的窠臼中，因为他们接受的仅是从单一角度出发的新闻报道，并没有认真考虑任何可供选择的替代角度。

对于新闻背后的利益，我们必须有充分的认识，因为媒体和公司是相互渗透利用的，因为媒体和政府之间是追求更多默契的。宣传是媒体的生存之道，也是公司商业利益的需求，现时也是政府管理的需要。关键是，媒体的宣教是宣传怎样的价值观、代表多少公众利益、维护哪些人的利益。

通常情况下，人们识别他国或其他文化下新闻报道中的宣教倾向要容易得多，尤其是这些国家和文化与他们存在很大差异时。

当深陷依存于一种文化的世界观时，人们在自利的假定下进行思考。认为他人（国家或文化的敌对、反对者）都是宣教和操纵，而自身则是公平诚实的；认为他人是在运用宣教和损人手段，而自身则是自由表达观点。这种心理状态不是什么阴谋诡计的产物，当媒体为了谋利而向本国受众呈现歪曲的信息时，这是再自然不过而且可以做出预测的结果。

如何从宣教和标准新闻报道中获得有益信息呢？只有懂得如何对新闻报道进行有效思辨分析，个体才有可能从宣教和片面的新闻报道中获取有益信息。这意味着我们必须清晰地意识到报道中隐含的观点，认清报道影响我们思维和信念的意图。当我们从某一个角度来分析观点时，我们必须对这些新闻报道进行全面评估。尽管报道中的部分事实也许能够支持所讨论的观点，但是片面的新闻报道并不是纯粹的简单事实。此外，要注意的是，在标准的新闻报道中也会提及一些反对意见，通常在报道的最后几个段落中弱化处理或者以引言出现，并建议读者不予理会这些观点。

所以，在分析和解释新闻报道时，我们需要思考一些关键问题：

★谁是目标受众？

★哪个观点得到强化处理？

★哪些观点被忽视或者被弱化处理？

★我怎样才能找到被否定的信息？

★哪些新闻刊登在头版？为什么？

★哪些信息淹没在文章中？为什么？

四

新闻价值甄别

媒体与公司相互利用，媒体与政府相互默契，会使得新闻的真实性客观性大打折扣；受商业利益和政治利益的影响，一些新闻哗众取宠与娱乐化倾向会导致新闻碎片化和片面化；公众平台的新闻制造者和发布者受不纯洁心理的支配也会发布片面的甚至虚假的新闻。所有这些，都使得我们要对新闻的价值受到严重影响。

（一）新闻的价值在于客观真实全面

虚假新闻、杜撰新闻、片面新闻不但没有价值，会误导公众，有的甚至是欺骗公众，这样的新闻没有任何价值，所以客观真实全面是新闻的首要价值标准。

媒体的可信度是媒体最大的商业利益。媒体的商业价值要求它必须与公司相互融合，形成你中有我、我中有你的局面，媒体通过公司获取更多商业利益，公司依托媒体获得社会公众的了解与市场。但一切是以媒体的公众认可度为前提的，而认可信任度是以可信度为前提的，没有可信度，公众不收看或收听媒体的新闻和广告，媒体也好、公司也罢，商业利益便无从谈起。

媒体的独立性是媒体受大众欢迎的前提。媒体应该成为社会的第四个政府，并列于立法、司法、行政三大部门之中，为了公众和社会整体利益，既独立宣传国家的路线、方针、政策，又监督政府行政、司法公正、依法立法的过程，这样独立于国家机构的媒体才会有更大的公众信任度，才能更客观、真实、全面地发布新闻。

（二）新闻的价值在于关注公众利益、承担社会责任

公众利益至上价值的根本原则，没有公众利益的新闻没有传播的意义。

如果从整个社会环境中加以考察和鉴别，就会看到，新闻价值应该是指新闻中所蕴含的社会价值，其核心是在新闻中所包含的社会性。所谓社会性，就是事物与公众利益相关联的属性，一般来说，与公众利益关联程度越密切，事物所含的社会性越大，反之越小。所以，新闻价值的实质就是与公众利益相关联的属性及程度。与此相对，传播中的新闻能够直接满足受众心理的特性，则可以认为是新闻的使用价值，这种使用当然也包括媒体用之来获取传播利益。

一个客观存在或发生的事实，能否被人们再现和传播，应该取决于两点：一是它在多大程度上及以怎样的方式与公众的利益相关联，二是它能否满足人们的感官需要。这里所说的公众利益既包括经济利益，

也包括安全、公正、道德、荣誉、审美等社会价值利益，而心理感官需求则是人们对事物的好奇、趣味等的心理满足。

物价、市场等方面的信息关系到人们的切身生活利益，恐怖袭击和战争方面的信息关系到人们的安全状况，司法方面的信息关系到社会公正能否实现和公民权利能否保障，等等，这些信息在传播过程中因此而成为人们关心关注的新闻。而人们之所以对深海生物、登陆火星的新闻感兴趣，则在于它们展现了人类认知领域的扩大，体现了人类智慧的价值和尊严，按照马斯洛的需求层次论，这是一种更高层次的人类利益需求。

所以，新闻中的社会性是新闻价值的决定因素，有了这种社会性，新闻就有价值，没有社会性，就没有价值，有多少社会性，就有多少新闻价值。我们甚至可以说，人们乐于传播的，并不是新闻本身，而是这些新闻事实中所蕴含的社会价值和公共利益。

但在另一方面，新闻的"公共利益"和"使用价值"并不等齐。具有良好的公共利益也并不意味着就必然具有良好的传播效率和传播效果，对媒体来讲未必有更多的"商业价值"或"使用价值"。

新闻传播能否取得预期的传播效果，不仅要看它如何或在多大程度与公众的利益相关联，即具备怎样的社会价值，还要看它能否引起人们的关注，能否契合受众的传播心理需求，或者说，是否易于受众接受。而这两种属性又往往不是平衡的，甚至有着极大的反差。这就需要媒体在公共利益和自身商业价值之间找到一个平衡点，牺牲商业利益是媒体所不愿意做的，而牺牲公共利益是社会大众所不愿意看到的，最终也会影响媒体的商业利益。

对于社会生活中的种种活动、事件、现象，有的事关社会公义，"值得传播"，有的趣味盎然，鲜活新奇，"易于传播"。这一对属性中，既有趋同的一面，也有相背离的一面，例如，当新闻的价值趋向于"真"，而新闻的使用价值趋向于"假"时，或者当新闻的价值趋向于"假"，而新闻的使用价值趋向于"真"时，受众要么会因为新闻形式的枯燥而反应冷淡，要么会觉得新闻内容的无聊而感到厌倦，只有当新闻的价值和使用价值同时趋向于"真"时，即当新闻既"值得传播"又"易于传播"，新闻的公共利益与商业价值达到良性统一时，受众才真正"喜闻乐见"、"心悦诚服"。所以采用公众喜闻乐见的方式传播有益于公众利益的新闻，这正是媒体所应该努力的方向。

客观，是新闻价值的生命之源，公共利益则是新闻生命力的决定因素，在新闻实践中，传播媒体代理着大众的话语权，追求社会价值也被认为是媒体与生俱来的属性，同样，准确把握新闻的商业价值，也是媒体尊重受众的必然选择，正确地区分和看待新闻的两种价值，既是新闻选择的依据，也是新闻传播者社会责任的体现。

（三）新闻的价值在于延长新闻的价值链

新闻不应该仅仅是新闻，新闻的最大价值在于培养并巩固公众的普世价值观。

新闻本身不是孤立存在的，新闻背后传递的是价值观。培养和巩固普世价值观应该成为媒体的社会责任和价值追求。赞美真善美，鞭挞假恶丑是媒体的行为准则。民主、平等、捍卫人权、尊重生命、保护弱势群体等是全世界共同维护的价值观。在中国现阶段，富强、民主、文明、和谐应该是整个国家的价值取向；自由、平等、公正、法治应该是整个社会的价值取向；爱国、敬业、诚信、友善应该是每一个公民的价值取向。

延长新闻的价值链，培育和巩固公众的普世价值观，就必须对新闻进行深度分析。对"双11"打折促销的深度分析会让每一个消费者理性对待商业宣传；对"9·11"事件的深度分析会让我们明白如何才能从根本上消除恐怖主义的威胁；对美俄关系的深度分析会让我们对维护世界和平反对霸权主义增添几份忧虑和责任；对世界气候变化趋势的深度分析会使我们了解环境、气候等全球性问题的解决需要全球的共同参与和努力。

但是，现实生活中，新闻媒体很少对新闻事件进行深度分析，相反，由于新闻媒体需要维持或提升自己的收视率或收听率，因此会努力迎合普通观众的口味。即便是非常重要的新闻事件，对其内涵的分析讨论通常也是以很短的篇幅呈现。

一味地追求简洁不仅导致观众或读者无法洞察问题的本质，而且图像和发言人的评论也脱离语境，或者忽略了某些重要信息。由于时间限制，编辑和新闻播音员必须决定采纳哪些故事，忽略或缩短哪些故事。新闻事件还必须能够抓住观众的注意，而相比国内外新闻，观众往往对体育运动和天气更加感兴趣。

由于受新闻成本的限制，以及需要在其他新闻机构之前播放最新新闻以保持收视率，新闻机构往往从政府或企业召开的新闻发布会或公开的新闻讲稿中获取信息，很少自己去做调查研究，因为自己做调查研究花费高，而且耗时长。然而，这样从新闻报道中得到的信息就可能过于简单或带有偏见，这样的新闻既缺乏真实客观的保障，也缺乏深度分析和思考，其新闻价值受到很大的影响。

如果大众提高自己的思辨能力，那么，我们就会成为新闻的主人。这是因为：我们知道人们有不同的视角和世界观，知道人们能够从多角度来看待问题；通过多来源的新闻来理解事情，不迷信大众传媒；知道如何辨别新闻中的隐含观点；会在心里从多个角度重构这则新闻报道；以分析现实的方式分析新闻报道；评估新闻的清晰度、准确性、相关性、深度、广度和重要性；会注意到新闻中的矛盾和不一致之处；会注意到新闻中的操作议程和新闻媒体服务的利益；会注意到新闻中被报道的事实和被忽视的事实；会注意到哪些信息被作为事实呈现；会注意到报道中隐含的存疑假设；会注意到报道的潜在含义；会注意到哪些信息得到强调，哪些信息得到忽视；会注意到哪些观点受到作者青睐，哪些受到排斥；意识到既有观点影响，这些罕见的、戏剧性、轰动性报道中存在偏见，并且会对这些报道进行纠正、重构；会质疑社会规范界定问题的合理性。如此，我们新闻的甄别能力就达到了理想的境界。

阅读与思考：

1. 为什么媒体和公司会相互渗透？为什么媒体与政府要相互默契？它们是如何影响新闻的真实性的？

2. 什么是新闻的碎片化和片面化？为什么会有新闻的碎片化和片面化？它们是如何影响新闻的公正性的？

3. 什么是宣教？为什么会有宣教？如何辨别宣教？

4. 你如何理解新闻的价值？为什么新闻的价值受到削弱？如何提高新闻的价值？

活动设计：

挑选一段新闻，分析是否客观真实、是否公正全面、是否有宣教倾向、是否有新闻价值和有多大新闻价值。

第九章　广而辨之

（思辨与广告辨识）

引言

你广而告之，我要广而辨之。

在市场经济日益发展的今天，广告铺天盖地，你无法游离于各种各样的广告之外。广告时时影响着我们的生活，面对林林总总的商业广告，每个人受到的影响是不同的，或积极或消极，或主动或被动，或利用或被利用，或欢迎或抗拒，这与你的思辨能力有关。

一

广告无时无刻不在影响着我们的生活。

广告无处不在。广告可以出现在电视、报纸、杂志、网络、广告牌、店内展示、公交车、出租车、大型运动会、体育比赛、学校公告栏、甚至人们的衣服上。

广告无孔不入。2018年9月1日央视播出的《开学第一课》被很多网友戏称为变成了《广告第一课》，在节目开始前，居然有了13分钟时长的广告播出。更有甚者，2018年9月28日，有媒体报道称，山东省菏泽市开发区丹阳路小学向小学生们发放的红领巾上，竟然印有商业广告，除此之外发放的学生帽上也印有该广告。

广告是大众传媒的基石。人们接触到广告要远远多于其他形式的媒体节目。通过大众传媒进行传播的广告即使占不到绝大多数，也有相当可观的数量。过去电影院里没有任何广告，现在观众却不得不在灯光暗淡以后观看几分钟甚至更长时间的广告，有时候在播放电影的一个半小时里，还会看到贯穿整部电影的植入式广告。

营销人员会将大量的资金用于确定自己产品的目标群体，并设计广告以吸引目标人群。广告制作者有办法测量各类媒体的读者群，此外，还可以采用调查的方式确定哪些消费者会收看或收听或阅读什么样的媒体节目或内容。通过使用记录个人收听收视习惯的日志，媒体调查公司追踪广告节目的听众人群。

尼尔森公司是美国最大的媒体研究公司之一，该公司通过对超过5000户家庭和13000人的代表性样本的监测，获得全国电视节目的收视率数据。通过安装在用户家中电视机上的监测盒，尼尔森可以清楚地了解电视机的开机时期以及正在收看的节目。尼尔森公司还收集每户参与家庭的人口统计数据。商家可以通过这些信息判断哪档电视节目能吸引适合自己产品的观众。

商业广告有三个目的：（1）提高产品认知度；（2）让顾客了解产品或服务；（3）激发顾客的购买欲望并创造品牌的忠实度。

毋庸置疑，广告能够为人们提供有价值的信息和选择，使我们的生活更加便利，人们通过广告了解产品信息，提高了消费水平；商家也通过广告推销自己的产品，获得更多市场份额，促进了生产经营水平；媒体通过播放广告获得收益，有条件也更有动力制作更多更好的电视节目、网络节目，或者出版更多更好的报纸杂志，以提高自己的知名度，扩大自己的影响力；也因为有了广告，观众才能从媒体中免费收听或收看许多节目。

从另一方面看，广告的最终目的是为厂商赚取利润，而不是传播真理。从本质上来说，广告是单方面的说服性交流方式。在一些情况下，广告并没有提供有关产品的信息，而是依靠心理手段创造一种购买欲望；很多广告都是言过其实的自我吹嘘，误导消费者；一些广告经营者通过各种手段甚至欺骗手段吸引消费者，等等。狄更斯《双城记》说，"这是一个最好的时代，也是一个最坏的时代；这是一个智慧的年代，这是一个愚蠢的年代；这是一个信任的时期，这是一个怀疑的时期；这是一个光明的季节，这是一个黑暗的季节；这是希望之春，这是失望之冬；人们面前应有尽有，人们面前一无所有；人们正踏上天堂之路，人们正走向地狱之门。"把这句话用在各类商业广告的评价上，也丝毫不为过。面对林林总总的广告，我们需要有较强的思辨能力，辨识各类广告。

二

广告的新手段

网络广告也越来越受到广告商们的重视。随着时代的发展，广告业也有了更多新的途径和手段。

网络广告的优势之一便在于，根据人们访问的网络站点，可以更加精确地确定商品的目标客户群。与传统方式的传播广告不同，网络广告允许客户与商家之间的双向交流，例如音乐和电子游戏的收费下载等。美国陆军国民警卫队正面临很大的募兵缺口，便求助于网络广告以吸引18~25岁之间的年轻人，愿意点击并浏览警卫队招募信息的网民可以获得影音商店的免费音乐和电子游戏下载。这种广告策略取得了很大的成功，吸引了超过20万年轻人的关注，其中9000人参加了征兵部门的面试。

植入式广告成为广告的一种新途径。

广告还可以植入到影视节目当中，这种广告策略被称为植入式广告。具体是指"在虚假媒体中使用现实真正的商业产品，产品的出现是传媒公司和产品公司之间经济利益交换的结果。"大多数植入式广告不太引起人们的注意，除非人们有意识地去关注它们。

一些电视观众和传媒公司更喜欢植入式广告，而不是商业广告。因为植入式广告不需要占用节目时间。赞助商现在也更倾向于使用植入式广告，因为现在越来越多的家庭会使用数字录像机将电视节目和电影预先录下来等到空闲的时观看，这样观众就会跳过商业广告。平时如果有电视直播体育节目错过，我也喜欢观看数字电视回放节目，这样既能够补看错过的体育比赛，还可以节省时间，快速过滤电视中冗长的广告，因为越是精彩的比赛和电视节目广告时间越长。

非营利消费者权益保护组织——广告警示协会对植入式广告提出了质疑，认为植入式广告从本质上来讲具有欺骗性，容易误导观众。该组织指出，与普通商业广告不同，植入式广告并没有明确自己是付费播出的广告。此外，植入式广告不像传统商业广告那样与常规节目分开播放，这使得家长们更难控制孩子观看的广告类别。

1990年，电视连续剧《编辑部的故事》植入百龙矿泉壶广告，这是中国影视剧第一次植入广告。进入新世纪，中国影视剧植入广告进入爆发式增长期。

　　面对各类植入式广告，目前可以说争议较多，呈现出机遇与挑战同在，争议与发行同行的书面。这是因为植入式广告这一行业发展尚不成熟；广大观众对接受植入式广告还需要时间。总的来说，我国植入式广告还处于初级阶段，因为：市场空间有限——待开发市场空间巨大；操作经验有限——很多硬伤令观众不满；标准体系欠佳——缺乏公认的行业标准；法规环境模糊——管理的法规亟待出台。

　　面向儿童的广告受到更多关注。看电视是学龄儿童最主要的课外活动。据研究机构的分析报告，美国儿童平均每年观看电视的时间超过1000小时，这比他们待在学校的时间还要长；中国儿童观看电视的时间相对少些，但近年来呈现急剧增长的势头。

　　很多心理学家认为，广告对儿童的发展和健康有着重要的影响。8岁以下的儿童由于缺乏认知能力，无法辨别同广告的意图或者广告中频繁使用的错误推理和修辞手法。此外，广告中使用少儿节目中的角色也混淆了广告和节目本身的界线。8岁至12岁的儿童强烈需要同伴接纳，有些广告则利用这一点来吸引相应年龄段的孩子。比起成年人，青少年对广告中的怀疑更少，受广告的影响也最大。由于儿童无法批判性地分析广告，美国心理学协会呼吁立法限制针对8岁及以下儿童的广告。我国也通过多种途径和手段严格限制面向小朋友的各类广告。我国《广告法》第十条规定："广告不得损害未成年人和残疾人的身心健康。"第三十九条规定："不得在中小学校、幼儿园内开展广告活动，不得利用中小学生和幼儿的教材、教辅材料、练习册、文具、教具、校服、校车等发布或者变相发布广告，但公益广告除外。"

　　媒体中大多数广告的重要作用在于让人们了解可以改善生活的不同产品和服务。然而，广告也能够影响人们去购买在观看广告之前既不需要也不想买的东西。这些广告不是使用逻辑推理不说服观众，而是使用谬误、修辞以及极富感染力的语言和画面来诱导观众。此外，一些广告会故意省略一些信息或前提，而这些内容对人们做出理性的购买决定是非常必要的。

法律禁止广告商向顾客传递错误或蓄意误导的信息。《中华人民共和国广告法》第三条规定："广告应当真实、合法，以健康的表现形式表达广告内容，符合社会主义精神文明建设和弘扬中华民族优秀传统文化的要求。"第四条规定："广告不得含有虚假或者引人误解的内容，不得欺骗、误导消费者。广告主应当对广告内容的真实性负责。"

然而，在广告中使用心理劝说和修辞手法没有被禁止。研究发现，仅仅是想到能够立即获得金钱或想要的物品等奖励，就能够刺激人类的大脑释放出一种"快乐物质"多巴胺，并刺激头脑中产生诸如跑车或性感名模的图像，而广告和市场营销人员则会利用这种人类倾向。作为优秀的思辨者，人们需要时刻保持警觉，并学会识别谬误和修辞手法，分辨出真实的信息。

三

广告中常见错误

很多广告并不是依靠可靠的信息和理性的论证来打动观众，而是凭借谬误和心理劝说来诱导消费者。所以，广告中常见的错误需要我们提高警觉性。

广告商常用的恐吓策略。就是利用人们的恐惧、不安或羞愧感，或者给观众制造一种焦虑的情绪。广告中常常使我们感到自己不够漂亮，或者身材不够苗条；呼吸不顺畅，身体散发异味，或者有头皮屑；性格缺乏魅力，或者穿着不合时宜；或者作为父母非常失败。紧接着，广告会为这些人们一开始并没有意识到的问题承诺一种解决方案。虽然在利用恐吓策略促进销售的产品中，确实有一些能够达到广告承诺的效果，但大多数广告纯粹是利用了不合理的因果谬误，这样的广告会创造一种虚假期望，如果使用广告中的产品，你的身上会发生一些美妙的变化，例如变得漂亮，身材更加苗条，更受人欢迎，更幸福。我国电视上的各类洗发水广告经常就使用恐吓策略，如过分强调头皮屑给人带来的负面影响，在此基础上强调自己产品的功能。

广告中出现的另外一个常见谬误是诉诸众人谬误。诉诸众人谬误会给人们制造一种错觉，"每个人"都在使用这种产品，所以自己也应该使用。人类拥有很强烈的适应关融入群体的愿望。这类广告对青少年尤为有效，因为青少年在消费中更有从众心理，更倾向于根据自己同伴群体所拥有的物品或喜欢做的事情来定义自己。如每个人都拥有一部苹果平板电脑，或者穿着某种品牌运动服，那么自己也必须拥有。渴望拥有其他"所有人"都有的物品会导致一些孩子走上偷窥甚至抢劫的道路。

广告还会使用虚荣谬误。这也是一种大众流行谬误，这种形式的谬误会将某一产品与性感的、健美的、流行的、过着理想生活的人联系起来。例如酒类广告常常将饮酒与快乐的行为，或者成为一个有趣的人联系起来。此外，广告商们还会使用爱国口号把产品与爱国主义联系起来，例如美国克莱斯勒公司生产的"吉普自由人"，就是如此。一些房产公司建设高档住房，在电视是极力渲染住上这样的住房就会加入高档社区，过高档生活，就是使用了虚荣谬误。

当广告商聘请体育或电影明星等名人来代言某种产品，而这款产品并非这位名人的专业领域时，就会出现不恰当诉诸权威的谬误。例如，美国尚品公司在签约前重量级拳击世界冠军乔治·福尔曼做广告代言之后，其烧烤台面的销量大涨，这其实十分荒谬，因为福尔曼既不擅长烧烤也不懂得烹饪。我们也经常看到一些文体明星代言某些广告，其实他们代言的产品与这些文体明星的专业毫无关联。

通过使用以偏概全的谬误，广告还会强化人们的刻板印象。例如，女人常常被刻画成纤细的性感美人，年轻男人都是随心所欲的享乐主义者；少数民族同胞肯定能歌善舞，亚洲人则非常刻苦认真学习。

另外一种比较常见的谬误是构型歧义。一家游轮公司在广告中宣称"本公司向您保证价格最低。"然而，这种宣传就出现了构型歧义谬误。因为从语法上来看，我们不能确切地解释这种说法。该公司指的是宣传册中的航线最便宜呢，还是说和其他邮轮公司相比，自己的公司最便宜呢？我们很难得出确切的结论。

还有一些广告可能会使用自然主义谬误（认为自然的东西就是对人类有益的东西）和虚假两难谬误，或者在免费等关键词语上语词歧义。天然美国精神牌香烟的广告中，不仅使用了诉诸众人谬误，还错误地提出，由于自己的烟草是"纯天然的"，所以不像其他烟草那样有害。（什么烟草不是"纯天然的"，为什么"纯天然的"烟草对人类更安全？广告中并没有进行解释。）在这个例子中，美国联邦贸易委员会判定这则广告涉嫌欺诈，限令公司进行整改。

四

对广告中运用的修辞手法和误导性语言也要认真加以辨识

虽然我国《广告法》禁止广告中出现欺骗，但却允许使用修辞手法，所以在广告中尤其容易出现委婉语。例如，在房地产广告中，小房子或公寓被描述为"舒适"、"优雅"、"紧凑"，而老房子则充满"魅力"或极具"特色"。一款软件产品被描述为一种"解决方案"，而低价产品则是"经济实惠"或"物超所值"。

使用夸张的修辞手法夸大某种产品的作用或效果，在广告业中也是被允许的。美国国家广播公司声称自己是"必看的电视节目"，美国通用食品公司宣称麦片是"早餐之王"，我国的几家乳品公司都宣称自己的乳制品来自"天然牧场"，某品牌香皂"今年二十，明年十八"的广告语就具有明显的夸张色彩。这都是广告中使用夸张手法的典型例子。

此外，广告会频繁使用情绪性的话语和措辞，例如，尽在掌控之中、鲜活、神奇、光明、尽享满足等。这些词语可以唤起消费者的积极情绪，并将其与产品联系起来。例如，尚品公司最近推出了一款小型烧烤架，为其取名为"精益减肥机"，这就给观众留下了一种印象，如果使用这款烧烤架，自己的体重就会减轻。

广告中使用的图像和标语常常会营造一种幸福美满的氛围，但却没有告诉人们多少产品信息。丰田公司的"丰田，喜欢你为我所做的一切"和雪碧的"服从你的渴望"等标语并没有传递任何关于品牌的实质信息。这些煽动性的话语和措辞有时难免存在欺诈嫌疑。2003年，菲利普·莫里斯公司由于在广告中使用词语"少量"而被判定为欺诈消费者，因为这使消费者错误地认为，与其他香烟相比，"少量"的香烟对人们的健康危害更小。市场上出现的"增高鞋"，穿上一年可增高5-6cm，实际上大家都知道，身高是由遗传因素和环境因素决定的，医学上根本就不存在穿高跟鞋就能增加身高的可能性，明显的是利用人们希望有很好身高的美好愿景而欺骗广大消费者。

还有一种广告策略是使用模糊、晦涩或模棱两可的语言。例如，

"帮助"、"可能"、"多达"等词语的含义有时候非常模糊，对消费者来说毫无意义。比如，某种产品声称可以让消费者节省"多达50%"的花费，但这并不排除其他的可能性，消费者可能根本不需要，或者比其他品牌的类似产品甚至花费更多。使用晦涩或专业术语也可能会令消费者产生混淆。例如，在借款或抵押贷款的广告中会出现"固定汇率"，尤其是在广告底部还会以极小的字体来说明借款利率按每日实际利率浮动，这到底是什么意思？

五

广告宣传中还会运用错误或薄弱的论证以欺骗消费者

为了劝说人们购买某种产品，广告可能会使用类比的归纳论证法，将产品比作某些积极或强大的事物。一些广告中使用的类比非常牵强，甚至是错误的。例如，这个广告口号："雪弗兰：坚如磐石。"什么样的雪弗兰才能坚如磐石？人们肯定不会去驾驶一块岩石。此外，岩石不需要花钱购买，不需要保养却可以屹立千年。实际上，很难说一辆汽车和一块岩石存在什么相似之处。

一些广告可能看起来是逻辑论证，但实际上却缺乏关键信息或者误导统计数据。

在一些广告中，会在统计数据的基础上进行概括，但是这些数据往往没有控制组或对照组，也没有提供关于如何选取样本的信息。例如，泰普尔床垫公司的一则广告提出："我们睡眠技术获得了美国宇航局的认可以及各大媒体的极力赞赏，世界上超过25000名医疗人士向您推荐本公司的产品。"首先我们需要考虑一个含糊不清的术语——医疗专业人士。医疗专业人士是否只包括医生和注册护士？助理护士和医院杂工是否也计算在内？医疗专业人士的样本总量有多大，样本是如何选取的？美国一共有60万名医生和230万名注册护士。如果只计算这两个群体，那么在医疗专业人士中只有25000人建议使用泰普尔床垫，这是否意味着其余90%的医疗专业人士都不推荐泰普尔的产品呢？

六

对广告的批评从来没有停止过

批评者认为广告对整个社会有害无益。他们批评说，广告中使用的谬误和修辞手法扭曲了消费者的思想，为非必需的商品和服务开辟了市场，导致了整个社会心态浮浅以及拜金主义盛行，由于广告业成熟度越来越高，煽动性越来越强，导致越来越多的人盲目追求自己根本负担不起的生活方式，陷入债务之中。并且如果人们无法达到广告中描述的理想状态，广告会让人们将责任归咎于自己。

在现实中，有些广告会将目标定位于少数族群和贫困家庭，这是广告备受争议的又一体现。例如，美国杂志《黑檀》和《拉丁女》的读者群体主要是黑人和拉美裔人，与以白人妇女为主要读者群的杂志《好管家》相比，其刊登的垃圾食品、香烟、酒精饮料等广告的数量要高出一倍，而养生和保健品的广告数量则只有后者的四分之一。此外，随着发达国家越来越多的人开始戒烟，烟草公司进一步加快了在发展中国家开发市场的速度，尤其是东南亚国家和地区。

烟草和酒类产品的广告对成瘾行为来说也是一种鼓动。例如，在维珍尼香烟广告发布之后，年轻女性吸烟者的数量大量增长。此外，研究还发现，一个人接触酒类广告的数量与饮酒量的多少存在直接关系。

广告费用越来越高，大大增加了顾客购买产品和服务的成本，广告成本在有些产品中所占的比例高达30%至40%。此外，与小公司相比，大型公司投入巨额广告费用的能力使他们占据了巨大的优势。因此，在小型地方性企业的衰退和大型垄断型企业的兴起中，广告的影响不容忽视。

广告业的支持者们对各种批评声音做出了回应。他们认为，拜金主义等文化价值观不是广告创造的，广告仅仅是反映了这些价值观。作为对广告误导受众指控的回应，他们指出，政府可以保护消费者受欺诈性广告的侵害。诱导性广告可能会使一些人上当，但大多数理智的人能够通过自己的判断认清这些广告。

此外，即使广告有时会误导受众，或者说服人们购买一些根本不需要的东西，这也可以得到补偿，因为广告确实给顾客提供了相当数量的有用信息，顾客通过这些信息能够做出更明知的决策。顾客可以通过其他信息渠道，尤其通过网络、媒体以及《消费者报告》等官方数据获取产品和市场的相关信息。反对限制广告的人认为，限制以广告形式出现的言论自由以保护容易受骗的消费者，这种行为带来的伤害超过了它所能带来的所有好处。

广告或许会使小型企业处于不利地位，但是限制大公司的言论自由以保护地方性企业，将导致产品和服务质量下降。广告业的支持者认为，在完全自由的市场经济社会，最好的企业将会上升到最高的位置。而对于昂贵广告费用的抱怨，他们回应说，如果没有广告，市场人员就不能进入大规模的营销，在很多情况下反而会使生产成本升高。最后，他们还提出一种论点，认为广告提供了媒体所需要的资金支持，可以让媒体免受政府部门的干预。

不管广告在人们心中的地位如何，可以肯定的是，它对人们的购买习惯和消费理念产生了深远的影响，且远远超出了人们的预期。因此，在利用批判性思维技巧去评价广告中的信息时，人们需要继续保持警惕。广告中出现的误导性语言、谬误和修辞手法常常不易为人们所察觉。在对广告进行批斗性分析时，人们遇到的主要障碍便是自我服务偏差，自认为自己比大多数人更理性、更聪明。认识到自己的缺点，了解广告中使用的策略，这样我们才能更好地识别这些策略，更不容易落入广告的操纵。

阅读与思考：

1.商业广告的目的是什么？我们希望从广告中得到什么、你得到了吗？为什么？

2.如何看待网络广告的植入式广告？你认为应该如何更规范这些广告新途径？

3.面向儿童的广告受到越来越多的关注和质疑，你如何看待这类广告？你认为如何用更严格的规范管理这类广告？

4.法律明文禁止的广告内容和形式有哪些？为什么要明文禁止？

5.广告中常用哪些错误误导消费者？我们应该如何辨识这类广告？

6.如何看待广告中的修辞手法和误导性语言？你认为国家应该如何规范这些广告语言？

7.广告中是如何运用错误或薄弱的论证以欺骗消费者的？试举例说明。

8.为什么对广告的批评从来没有停止过？你如何看待这类批评？

活动设计：

规范广告宣传以实现其最大价值限制其负面影响是我们的共同愿望。试讨论分析国家、广告经营者、消费者如何做才能实现这一目标？

第十章　公民不服从

（思辨与政治文明）

引言

追求更美好的生活，这既是公民的权利，也是公民的责任。

自由是人类探求的崇高主题，是人们真挚地、从不间断的追求着的"圣物"，是美好生活的重要内容。孟德斯鸠说，自由是做法律所许可做的事情的权利，如果一个公民做了法律所禁止的事情，那么就不再有自由了。可人类历史发展过程中，就是有那么一些人，为了人类的自由幸福，为了社会的公平正义，不惜牺牲自己的自由和幸福，挑战现行法律，由此推动人类政治文明进程。本讲希望大家能够真正理解"公民不服从"的真正涵义，进而认识到思辨在人类追求民主、自由、平等、公平、正义中的作用。

一

公民不服从是对现行法规既遵守服从又怀疑抵制。

例1：苏格拉底之死（故事新编，钱永华）

与快乐的猪相比，苏格拉底算是痛苦多了。原来，走在集市上，他本以为自己是一个无知者，哪里知道，市面上的那些智者并不给力，在老人家的一再追问下，会一个个理屈词穷。

苏格拉底就像祥林嫂一样，只要走到哪里，人们都有意避开，完全没有把这位圣人当回事。社会维系的伦理在先生看来都似乎不堪一击，难怪这些天在家里长吁短叹，闷闷不乐。老婆大人这下可高兴，老头子的那股聪明劲儿没有了，自己的柴米油盐酱醋茶就可以成为家里最最动听的音乐了。苏格拉底没有忘记那一盆洗脚水，只能瞅着阳光发呆，似乎日子不是带来幸福，而是痛苦的代名词。这些天，学生柏拉图也很少光临，似乎老师这儿没有什么可乐的事儿可以记载。

苏格拉底翘起高高的鼻梁，反反复复问自己："为什么社会上就没有一个人可以与自己对话？哪怕是一两个问题。"殊不知，如果他生活在我们的唐代，遇到了李白先生，就会明白，"古来圣贤皆寂寞，惟有饮者留其名"。可惜的是苏格拉底并不是嗜酒者，在其心中，问题似乎比什么都来得重要。

有人说苏格拉底是哲学导师，我看未必如此，从其一生可以看出，先生是最理想的学生。问这问那，恐怕再有耐心的人都会烦躁起来。我想，苏格拉底与孔子一定是同一个藤上的两只葫芦，一个负责询问这个世界，一个则负责回答，难怪两个人能够代表整个哲学世界。

苏格拉底没办法与孔子走到一块儿，难怪会产生悲剧。如果苏格拉底遇到了孔子，我们可以想象，说不定连老婆都不愿意多看一眼了。遥远的古代，跋山涉水，压根儿没有现在方便，自然两位圣人不可能相遇。孔夫子游学列国，寻找知音，苏格拉底漫步市井，希望找到答案，一切并不是那么回事。亏得两个人都有学生，否则，我们又怎么可能看出两位圣哲内心寂寞的世界呢？

苏格拉底躲在房子里不愿意出门，不用多说，老婆大人却在一边乐呵呵没完。当然了，长期的思考已经养成了这位圣人不愿意劳作，脑子里胡思乱想，到底能够找到什么真理，恐怕是一件非常为难之事。后来的许多哲学家，显然接受了苏格拉底的教训，他们为了快乐起来，时不时到民间去游走。"实践是检验真理的唯一标准"、"没有调查就没有发言权"、"实事求是"……这一切都是思想家们得以脑洞大开的原因所在。

苏格拉底陷入辩论的漩涡，没有想到如何建立自己的哲学。如果没有柏拉图的整理与深度思考，恐怕与犬儒派思考者一样，也不会流传什么道道来。很显然，苏格拉底不是一个善于辞令的人，不像现在的一些学者专家，说出来一套一套的，解构下来，等于什么都没有说。

苏格拉底睁开眼睛，没想到温暖的阳光依旧从窗户中走了进来。可能是上天不愿意让苏格拉底永远痛苦下去，隐隐约约有声音从心灵深处传出，他决定到市场上再去碰碰运气。苏格拉底问自己，"假如遇到一个人，我可不可以改变一下风格，直接告诉世人该怎么样生活呢？"

苏格拉底可能是长期的思维习惯，已经不知道有什么话题可以让自己源源不断地讲下去。他呆呆地望着窗外，看着路边来来往往的人，似乎有着说不完的话题，然而，自己偏偏却没有呢。也许有人不能理解苏格拉底的痛苦，为啥呢，现在的社会，网络发达，许多话题漫天飞舞，完全可以把一个人的大好时光给消灭掉。苏格拉底不一样，他没有堆积如山的知识，更多的只是在问，到底一个人是怎么回事。

也许上天从来不会让智者幸福，现在的人为如何回复话题而绞尽脑汁，苏格拉底却在为寻找一个有意义的话题而绞尽脑汁。难怪学生柏拉图会特别纳闷，老师怎么回事，每天说出来的话少得可怜。民间流传的苏格拉底故事，也是他的学生相互传送的结果。苏格拉底的邻居们才没有多留意与崇拜，甚至认为其有些不务正业，难怪苏格拉底的妻子会特别讨厌没完没了的辩论。

痛苦的人，想要走出房间，可又不知道如何设计一个像样的话题。他的心如断了线的风筝，不知道到底该怎么与这个寂寞的世界相处。现在社会为繁多的话题而苦恼，苏格拉底却在为找不到话题而苦恼，殊不知，人类从来不缺乏话题。苏格拉底因为没有话题而苦恼，这个本来寻常的事儿却成了世人津津乐道的话题。后世之曹雪芹、蒲松龄就喜欢这些智慧之人的雅士，反而创造了伟大的作品《红楼梦》与《聊斋志异》。

苏格拉底最终还是从自家门走出，凄冷的大街上很少有人走动，可能是天寒地冻的缘故，也可能是人们不愿意靠近的缘故。苏格拉底希望找到一个人多的地方，走来走去，前面依旧是没有任何人。眼瞅着没有了希望，他只能选择回家。希望有时从绝望中来，就像无为有处有还无一样，苏格拉底也不例外，竟然在无聊步行中有了新的发现。

前面的路被堵塞了，黑压压的人在那儿，隐隐约约听到有人在吵闹，显然在为什么事儿吵架。苏格拉底的到来显然没有引起在场所有人的注意，只见两个人挥舞着拳头在相互比谁的嗓门大。苏格拉底本来就是一个喜欢听到声音的人，更何况场面这么壮阔。

其中一个黑腮胡子的人在说："苏格拉底今天会不会出门？"

另一个红鼻子说道："有必要说吗？人家今天肯定不会出门"

"凭什么说苏格拉底不会出门？"

"这几天没有出门，这就是今天不会出门的关键。"

"不一定，前几天没有出门，并不代表今天就不会出门"

"苏格拉底凭什么要出门，他的话题还没有找到。"

"难道没有话题就不可以出门吗？人家以前没有话题不也照样出门吗？"

　　"过去的苏格拉底不是现在的苏格拉底，现在的苏格拉底需要一个话题才能够出门。"

　　……

　　相互间嗓门愈来愈高，似乎可以穿透云霄。

　　苏格拉底有些不如意了，自己出门还是不出门，这是什么话题，更何况，到底是谁出门与真理有什么关系。

　　哪里知道两个人渐渐说到了真理上了。

　　黑腮胡子说道："苏格拉底不出门，意味着世间就会没有了真理，因为苏格拉底就是真理"

　　红鼻子冷冷一笑："苏格拉底代表真理，那么第欧根尼算什么，难道是谬误吗？苏格拉底出门与否，跟真理有什么关系？"

　　"关系大了去，苏格拉底从来都认为自己无知，可与他说上一段，就会发现自己无知，正因为如此，他当然可以代表真理"

　　"如果苏格拉底代表真理，元老院的人又代表着什么呢？"

　　……

　　苏格拉底没有想到自己的存在竟然与真理走在一起，阳光似乎变得更加刺眼起来。

　　嘈杂的辩论依旧在进行着，下面静悄悄地，有意思的是，人愈来愈多，都在倾听着这两个人的对话，竟然惊动了元老院那些大佬们。

　　一个拿着代表权势的权杖过来了，显然被两个人的大发厥词惊动了。说来说去，话题变成了到底是苏格拉底代表智慧，还是元老院的头头们代表智慧。苏格拉底只能溜走，在场的人没有注意到，谁会在意一个活人呢，有时真理似乎比真相更重要。

　　哪里知道，一场辩论竟然成为社会的热门话题，那些元老院的头头们坐不住了，为了恢复社会秩序，竟然以毒害青年的罪行逮捕了苏格拉底。

苏格拉底没有悲哀，他痛苦的是敲破脑袋瓜也没有找到一个像样的话题。

柏拉图在老师死后，不由得感叹："不是真理害死了老师，而是流言！"

权利意识和参与意识高昂的公民敢于维护自己的公民权、政治权利以及社会保障权利，且能积极参与公共事务，发表对公共事务的看法。然而，若仅有权利意识和参与意识而缺乏公共责任感和法律意识的规制，参与则沦落为维护个人私利的有效渠道，权利成为逃避义务和责任的借口，终将堕落为极端的个人主义，并使社会陷入混乱和不稳定。

因而，成熟的公民意识要求公民不仅具有较高的权利意识和参与意识，而且以公共责任感为导向，以法律意识约束自己行为，即使在反对某项不正义的法律和政治制度时，会选择公开的、非暴力的违法形式，这种成熟的公民意识表现为——"公民不服从"。可见，公民不服从是公民基于内在良知和公民德行，以公开、非暴力的违法方式对不正义的现行法律和政治制度表示异议，靠这一行动，诉诸社会多数的正义感，借以变革不正义的法律和政治制度，旨在维护公民平等、自由的政治权利。当公民不服从普遍地出现在现实个体身上，那么现代民主政治和法治则具有了成熟的公民品性支撑。

美国作家亨利·戴维·梭罗于1849年在短文《论公民的不服从》中，开创了这一现代理论。该文主旨提倡依靠自己，并认为面对不公，不一定要诉诸暴力，可以采取不支持、甚至抵制的做法。这篇短文对此后从事公民不服从的人士，产生了广泛的影响。在文中，梭罗将拒绝纳税，作为对美国实行奴隶制度、美国对墨西哥发动侵略战争的一种抗议。

　　纵观历史，作为政治哲学范畴的公民不服从形成于近代，但作为人追求正义的实践本性植根于人的主体性，萌发于古代，并随着人类实践水平和主体性发展，其内涵和外延不断地丰富和拓展。

　　原始社会，低下的社会生产力水平和原始人幼稚朦胧的自我意识，使原始人缺乏个体独立存在的意义和价值，面对共同体，只能是一处外在"脐带"式的天然服从，以主体性为表征的不服从意识无从产生。随着社会分工的发展，社会实践和人际交往的丰富化使个人的理性思维和自我意识明显地成熟和完善。并使人们一定程度上察觉维持人类社会和谐秩序的普遍法则，遵循这些法则的理性自觉推动了良知范畴的形成，个体秉承良知对"人定之法"和社会现象独立、审慎地进行理智判断，而古希腊城邦公民身份制度和民主制度的运行直接催生了公民不服从意识。公民苏格拉底基于个人自身的良知领域，遵循神的旨意，坚持正义和真理，但其坚持正义的行为却被雅典的法律判决为犯罪，面对不正义的法律判决，公民苏格拉底选择自觉接受法律的惩罚，履行雅典公民服从法律的义务（参见柏拉图《苏格拉底的最后日子》）。由于苏格拉底最终选择了服从不正义的判决，有人可能据此对苏格拉底是否"公民不服从"提出异议。这种理解忽视了苏格拉底服从的实质，苏格拉底对法律判断的服从并非服从不正义的判决，而是对法律尊严的尊重和服从。由于苏格拉底深知制定法是表现不完善的最低限度的自然法，所以公民必须对不完善的制定法提出异议，表示不服从是公民的职责。然而因为表达异议的方式是违法的，侵犯了法律的尊严，公民为了维护法律的尊严，只能通过选择服从判决来表达对法律尊严的尊重。此一行为恰恰是公民不服从宗旨的体现：公民应该具备主体精神，依据真理和正义原则，敢于对现行不正义的制度和法律提出异议，但又有义务为自己的违法行为承担法律责任，这两者并不矛盾。因而，苏格拉底的服从法律判断是在承认基本制度和框架正义的前提下，以不正义法律制度的不服从，并非对整个法律精神和法律尊严的不服从。然而，苏格拉底的公民不服从思想如流星般闪耀却为时甚短，且无法普及到社会大众身上，一如古希腊城邦时代公民身份制度的特权性质，大多数人尤其是被压迫的奴隶连享受公民身份制度的权利和义务都谈不上，更遑论公民不服从理念。

中世纪基督徒的不服从是听从神的召唤而不服从世俗人的法律，以殉道的非暴力精神展开了不服从罗马帝国的运动，基督徒们的反抗行为是基于强烈的宗教感情，最终目的旨在改造基本制度，而非目标有限且具有调和性质，把个人特殊事业置于文明政治行为一般规则下的公民不服从运动。

甘地领导印度人民反抗英国殖民统治的"非暴力不合作"运动，倡导非暴力、不合作与和平抵抗的思想，最终取得了民族独立和解放，也是对基本制度不正义的不服从。由此可见，在前资本主义时期，总的来说，人的不服从意识不仅罕见，而且较为幼稚、直观，带有浓厚的宗教色彩，是人的主体性不够成熟的体现，更是人类社会专制制度以人主体性压制的结果。

当人类进入资本主义社会，纯个人民主化意识的拓展，必然使个人积极追求社会生活中的权利，进而与社会生活中的不平等、不正义的法律和政策产生尖锐的对立和冲突，基于良知的公民下服从正是主体性充分觉醒的现代公民对这种对立和冲突的现实应对，是公民意识成熟的体现。著名作家梭罗基于个人良知和良知的道德责任，以拒绝纳税的非暴力方式，公开反抗发动不正义战争和蓄奴的美国政府，以甘愿受罚的勇气震慑、诉诸多数的正义感，旨在改变不正义的法律。在梭罗思想的影响下，继之而来的20世纪50年代中期的美国黑人领袖马丁·路德·金领导的黑人民权运动使公民不服从运动公开化。之后，公民不服从思想不仅成为反战运动、学生运动、妇女解放运动等民权运动的指导思想，而且受到了学术界的热烈关注和系统研究。至此，公民不服从摆脱了宗教影子，使之建立在最广泛、最普遍的政治原则基础上，成为维护社会正义、弥补宪政缺陷的重要形式。

由此可见，公民不服从的历史传统主要是两种模式：一种是源于古希腊公民理想，在肯定基本制度合理和正义前提下，"制度内公民不服从"。而另一方面，则是推翻基本制度的"公民不服从"，主要表现为印度甘地所领导的民族独立运动。但从公民不服从蕴涵的内在精神看，追求自由和权利的本性的主体性是其不变的精神实质。

然而，由于资本主义社会化大生产把自立主体强制性地带入了"物的依赖关系"社会网络中，人与人之间的平等只能是一种形式上的平等，社会依然没有实现真正的正义。"在不正义的社会基础上，仅仅按照公民不服从的理论行事，学生运动及其他批判性的社会运动是很难成为改造美国社会的革命运动"。公民不服从在资本主义社会必然遭遇重重困难，无法发挥应有的效用。唯有当历史主体进入自主为体形态，作为自为主体本质力量对象化的时间经济以人的能力和个性的全面发展为目的，以理想人格的实现为追求目标，人与人之间不仅实现了形式上的平等，而且实现了实质上的平等时，个人才真正成为社会的主人，与之府融为一体。但个人与社会的矛盾还将存在下去，社会发展中的偶然性、自发性因素也不会完全消除，绝对的正义和不平等不会出现。而公民不服从以其和平、非暴力的方式行使异议权，起着维护社会公平正义和自由的作用。

二

公民不服从是具有正义感和责任感的公民怀疑和挑战现行不合理制度

例2:《左拉和左拉们》(林贤治)

1894年,法国陆军上尉,犹太人德雷福斯被法国军事法庭以泄密罪判处终身流放。1896年,有关情报机关查出一名德国间谍与此案有涉,得出德雷福斯无罪的结论。但是,战争部及军事法庭不但无意纠错,而且极力掩盖事实真相,调离该情报机关负责人,公然判处真正泄密的德国间谍无罪。为此,著名作家左拉挺身而出,接连发表《告青年书》《告法国书》直至致总统的公开信,即有名的《我控诉》,由此引发整个法国争取社会公正的运动。军方以"诬陷罪"起诉左拉,接着判一年徒刑和三千法郎的罚金。左拉被迫流亡英国,一年后返回法国。继续与军方斗争。直到1906年,即左拉逝世四年后,蒙冤长达12年的德雷福斯才获正式昭雪。

这就是历史上有名的德雷福斯事件。

左拉受到法国乃至全世界的赞誉是理所当然的。因为他是如此不遗余力地为一个与自己毫无瓜葛,同整个军队和国家相比实在渺小不足道的人说话,维护他的权利、名誉与尊严;因为他敢于以一己的力量向一个拥有强大威权的阴谋集团挑战,而正是这个集团,利用现存的制度,纠集形形色色的邪恶势力,极力扼杀共和主义、社会正义和自由理想;还因为他不惜以抛弃已有的荣誉和安逸的生活为代价,不怕走上法庭,不怕围攻,不怕监禁和流放,而把这场势力悬殊的壮举坚持到最后一息。为维护法兰西精神而反对法兰西,这是不同寻常的。马克·吐温写道："一些教会和军事法庭多由懦夫、伪君子和趋炎附势之徒所组成；这样的人一年之中就可以造出一百万个，而造就出一个贞德或者一个左拉，却需要五百年！"如果目睹了人类生命质量的差异之大，应当承认，这些话也不算什么溢美之辞。

　　但是，在左拉周围，有一个富于理性、知识、良知和勇气的知识者群体——和左拉战斗在一起的"左拉们"，这是不容忽略的。正是因为有了卢梭和整个启蒙运动的思想滋养，有了法国大革命所培育的"自由、平等、博爱"的民族精神，才有了这样一个团结的坚强的精神实体。没有这个实体，未必能够产生这样一个勇敢而坚定的左拉；没有这个实体，左拉的单枪匹马的战斗将会因严重受阻而中断。惟其有了这个实体，在社会正义受到威胁的时候，就一定能从中产生一个左拉，或不叫左拉的左拉。

　　事实上也是如此。在法国作家拉努的传记著作《左拉》中，有叙述说：事情开始时，埋头创作的左拉还处在犹豫不决的状态，他是被"德雷福斯派"的人物推举出来的；尤其重要的是，他是被一群记者、律师、历史学家说服的。周围的一群人物是如此优秀，他们完全因为一个犹太人的冤案而被吸引、凝聚到了一起。难得的是，其中如作家法朗士、报人克列孟梭，都是与左拉不同类型的人物，在有关专业或别的意见上并不一致，甚至相反；然而仅仅凭着"正义感"这东西，他们就走到一起来了。他们把左拉的斗争当成自己的斗争，在斗争中，表现出强烈的"团队精神"。像克列孟梭，他改组《震旦报》，倾全力支持左拉；左拉的檄文《我控诉》的题目，也是经他建议加上去的。他们陪左拉出庭，在左拉离开法国后仍然坚持由他开始的斗争；在正义因左拉蒙罪而使全国沮丧，法兰西的精神财富面临沉沦的危险之时，他们便成了号角和旗帜，引导公民社会上升的头脑和力量。直到左拉死后，正是他们，将左拉未竟的事业进行到底。没有他们的集体斗争，德雷福斯事件的结局很难设想，至少昭雪的时间要因此而大大推迟。

一个国家，一个社会，有没有一个知识分子群体的存在是很不一样的。从苏格拉底到布鲁诺和伽利略，甚至伏尔泰和雨果，他们所以受死，受罪，始终孤立无援，都因为缺乏这样一个集体的缘故。他们被分切为若干个体，只能单独向社会发言，以致在同类中间也得到回应。

法国当代知名作家雷威认为，在法国，只有从德雷福斯事件开始，知识分子才有了一个相当大的数目；也就是说，此时不是只有一个左拉，而是有了一个"左拉们"。"我们是知识分子！知识分子的党！在这喊声中有种挑战，有种逼人的傲慢……"雷威在一本题为《自由的冒险历程》的书中这样写道："这是一种方式，非常大胆的方式，将一个近乎侮辱性的称号作为一面旗帜来舞。"回顾知识行动，以及由克列孟梭起草的《知识分子宣言》，在讨论"知识分子"命名时，他是把知识分子的多少作为其中的一个重要部分，也即作为一项标准来看待的。他写道："成百上千的诗人、画家、教授，他们认为放下手中的钢笔或画笔来参与评论国家的事务是他们分内的责任，与此同时他们修正了'知识分子'这个词的含义。甚至于那些反对者们，那些辱骂德雷福斯的人以及那些国家利益的支持者们，也随着时代的激流，不再沉默或赌气，不再掩藏他们的恼怒和信仰，面对挑衅者，不再坚持学院式的静默和泰然处之的传统，他们也使用同样的词语，同样的参与手段，并且也组成了各种各样的同盟和协会。是一种模仿？是一种狂热？可以这样说吧。但也可以这样记录下来：在思想的舞台上，出现了一种新型人物——如同传教士、抄写员、诡辩家、博学家标志出其他时代一样，也是新鲜而有特定性的。"这新鲜而有特定性的一群，就是现代知识分子。他的意思是说，真正意义上的知识分子，只有到了现代才有可能出现。

的确，知识分子与现代民主社会是互生的，互动的。倒过来说，没有产生一个像样的知识分子群体，这样的社会只能称做前现代社会；时间的推移并不能为它带来实质性的变化，不过徒增一点新世纪的油彩而已。

成熟公民意识综合表现为人的主体性高度发达。人的主体性意识是指个体能够主动地发挥和运用自己的理性，破除偏见、迷信和外在权威以人的控制，成为"自我意识"的真正自律、独立的理性主体。同时，人的主体性并非纯"私人性"和纯"主观性"，而是作为"社会人"社会性的交互主体存在。这种交互主体性孕育了现代公民政治道德：人人平等、自由的社群正义感。公民基于主体性对社会正义原则具有独特的理解和解释，一旦与社会的宪法解释与司法解释发生争议和分歧时，有良知和道德关怀的公民就会进行"主我"与"客我"的自我交流与反思。良知告诉公民行为不得违背的界限，若超出此一界限，就得与罪人相伴，忍受良心折磨。这种折磨所带来的痛苦促使公民产生一种不可抑制的冲动，要为他们笃信为正当的行为违反不道德的法律，并让公众听见他们的声音。可见，公民不服从者是审慎、自律而负责的，他（她）或许会犯错，但绝非随心所欲，绝非出于狭隘的政治忠诚或宗教感情，而是建立在更广泛和普遍的基础上——基于主体性意识的现代公民社群正义感和高度发达的公民意识。

公民因为有权利意识和自由观念，所以对社会不正义具有敏锐的感知力，而且因为具有较高的公民责任感和参与意识，所以当社会不正义出现时，即使明知诉诸公民不服从可能会招致惩罚，影响个人自我利益，还是选择积极行动，参与公共生活，并对不正义的社会现象提出异议，而且较高的政治效能感使公民相信，只要他积极参与公共生活，努力抗争，公民不服从所诉诸的问题将会引起社会大多数的关注、解决，最终使社会正义得以实现。而且，正因为公民具备良好的法律意识，所以才深切认识到公民不服从行为承担违法的罪责，乃是因为公民不服从对社会正义的维护不能危害法律的尊严，以丧失公民不服从的正当性。可见，公民不服从之所以取得如此多思想家的研究和认可，正是因为它是现代公民意识成熟的表征。

三

公平正义：公民不服从的价值追求

例3:《用灵魂的力量抵御暴力》(林达)

马丁·路德·金曾经在黑人中间作了无数次演讲。他是黑人领袖，但他始终是一个牧师。这里的牧师都是卓越的演说家，马丁·路德·金更是他们中间的佼佼者。他的演说不仅在当时打动了所有的南方黑人，也在此后的岁月里，打动了无数美国人。他有一段讲话，是有关他的"非暴力"思想的重要阐述，也是他最著名的演讲之一。马丁·路德·金针对南方的KKK暴民说：

"我们将以自己忍受苦难的能力，来较量你们制造苦难的能力。我们将用我们灵魂的力量，来抵御你们物质的暴力。我们不会对你们诉诸仇恨，但是我们也不会屈服于你们不公正的法律。你们可以继续干你们想对我们干的暴行，然而我们仍然爱你们。你们在我们的家里放置炸弹，恐吓我们的孩子，你们让戴着KKK尖顶帽的暴徒进入我们的社区，你们在一些路边殴打我们，把我们打得半死，奄奄一息。

可是，我们仍然爱你们。不久以后，我们忍受苦难的能力就会耗尽你们的仇恨。在我们获取自由的时候，我们将唤醒你们的良知，把你们赢过来。"

这段讲话非常清楚地表达了当时马丁·路德·金的理念，也使我们理解，为什么南方的黑人能够接受这样一个理念。对于他们，这里并没有什么特别新鲜的东西，这是南方黑人几百年来根深蒂固的宗教道德力量。过去，他们汲取这样的力量，使自己能够承受生活的重压，今天，他们以同样的力量，争取自己的自由。当这里面融合了宗教的宽容，博爱和殉教的献身精神之后，数量如此之大的一个群体，才会在KKK暴民面前表现得如此克制和坚韧，基本上不失控。

在南方以外的美国大部分地区，黑人从来没有经历过种族隔离。在大城市里，黑人更是早就进入了现代生活。相对来说，他们的气质和当时的南方黑人已经有了巨大的差别。他们没有南方黑人的经历，也没有南方黑人那种由共同经历形成的相当一致的宗教精神和价值取向。他们就如现代生活中的任何一个族裔，是各式各样的，其中也有一部分人，甚至早已习惯了街头暴力，帮派枪战。因此，在纽约的黑人领袖马康姆.X针对KKK所发表的演讲，就是完全不同的面貌，他说：

"非暴力反抗的日子已经结束了。如果他们KKK是非暴力的，那么我也可以非暴力……但是，只要你们有人还在那里实行暴力，我就不想听到任何人跑来对我谈什么非暴力。"

马康姆.X的讲话一向就是这样一种风格，非常"过瘾"，所以，直至今日，他的演讲录音带还是销量很好。他的这段话逻辑非常清楚，一点没有什么不对。在事实上，任何一个国家和地区的民众，在推动民族进程，或是争取自己的权益的时候，也都有"暴力抵抗"和"非暴力抵抗"这样两种选择。当我们相比这两种理念，我们会发现，都很有道理。虽说他们的道理好象不是在一个层面上。所以，两种出路也都有人选择去走。

几十年以后，当这个世界上，提倡"非暴力"的人越来越多的时候，我们可以再回头看看美国的这段历史，体味一下这里面究竟差别在哪里。从马丁.路德.金的讲话里，我们可以看到，这里更多的是一种与宗教信仰同步的对于人性醒悟的信念，相信绝大多数的人，终将经历"从猿到人"，相信他们的良知终将被唤醒。可是，在一种邪恶的力量强盛的时候，你也确实难以使所有的人都持这样的信念，这就是以暴力反暴力，非暴力在最终又演化为暴力，潮潮不息的原因。

我想脱开究竟是"人性善还是人性恶"这样的讨论，看看"非暴力"到底是怎么回事。"非暴力抗争"当然和战争或是个人对付抢匪是没有关系的。它是在一个社会处于正常状态的条件下，一部分民众争取自己权益，推动社会进步的一种方式。当这种推动不被接受，有时甚至引发暴力的时候，一般来说，对暴力还以暴力，总是最早最本能的反应。只是当人们把以暴力反暴力作为自己的口号的时候，除了会造成许多无辜生命的丧失，也可能结果是暴力对暴力，仇恨加仇恨，血流成河，打成一团。这时，当初要解决的问题可能被仇恨和鲜血所淹没，在这种情况下，要谈什么维持理性，就十分困难了。而原来有着合理要求的一方，也可能在杀红眼睛的时候，完全失去了目标，迷失了自己。事实上，在当时美国一些从未实行过种族隔离的大城市，反而在那个时期黑人暴乱此起彼伏，而暴乱总是以抢劫伤害无辜者的一团混乱告终。不仅没有推动制度的改革，取得一个实质性的成果，而且还在暴力中深深地毒害了自己。

所以，"非暴力抵抗"不是从人的本能反应引出的。它是人类面对无数无辜牺牲者的生命，深思熟虑以后做出的一个理性反省。但是，实行"非暴力"是困难的，因为它的实质是提倡非暴力的一方，主动把自己置于战术上的一个不利地位，以这样的一个姿态，邀请对方回到有游戏规则的理性的讨论中去。这一方显然是吃亏的，就像打架双方扭着一团的时候，第一个主动住手，提出谈判。难就难在这时对方再动手，他也下决心不还手了。问题在于，人们最终是要靠对话和理性的妥协解决问题，总要有一个先住手的。所以，在历史上，不论是民众一方，还是权势的一方，在打得不可开交的时候，最先醒悟过来而不再动手的一方，不论以前有过多大的罪过，就凭着这样一个转折点，都是有可能得诺贝尔和平奖的。

凡是有利于促进人类社会的进步与发展，有利于维护公共利益和他人正当利益的行为都是正义的行为，反之则是非正义的行为。

早在古希腊时期，智者就已经洞察了公平正义的重大意义，亚里士多德认为，平等就是正义。休谟在18世纪提出，公共福利是正义的唯一源泉；穆勒则断言，正义是关于人类基本福利的道德规则；《正义论》作者、美国政治哲学家约翰罗尔斯的研究表明，正义是社会体制的第一美德，他同时重申了"正义即公平"的人类共识。公平分配，也即"分配正义"，是全部正义诉求的核心，它吁请权力在财富、权力、报酬和尊严方面的机会公平、过程公平和分配平等。公平正义是每个现代国家追求的伟大理想。

但是，公平正义的实现过程却是路漫漫其修远，许多有志者为此付出惨重的代价。曼德拉为了追求种族平等，付出了27年的牢狱之苦；马丁·路德·金为了实现黑人平等权利多次被投入监狱，等等。

中国社会近年来出现了一些"复仇"事件，在投诉无门的情况下，受害者被迫采用报复手段，甚至采用"以牙还牙"和"以命还命"的极端方式，向加害方乃至无辜人群报复。这些手段和方式违背尊重生命的普世价值，应该予以谴责和反对，但与此同时，国家机关和国家工作人员应该思考的是，如何才能尽可能实现社会公平正义，避免这类事件的发生。

在古典小说《水浒》中，京城官二代觊觎并企图占有林冲的妻子，于是设局诬陷，将其发配至沧州劳改农场服刑，继而派人暗算，乃至纵火陷害，林冲无意中获知真相，砍下三名陷构者的头颅，投奔梁山泊，成为打家劫舍的绿林土匪，从而由"良民"变成"暴民"，此即历史上著名的"林冲效应"。林冲的举止违背现代法律精神，却散发出传统"反抗美学"精神。"林冲效应"告诉我们，如果我们不力求阻止非正义的制度和做法，重建社会公平正义的"政治美德"，"林冲效应"就会以"报复"方式呈现，最终影响和谐社会的构建。

当社会的政治改革和制度完善没有跟上社会发展步伐时，如果有更多的有识之士站在公正和正义的立场上，运用"公民不服从"的合法手段抵御社会不合理的法律、制度和规定时，我们这个社会前进的步伐会更坚实更快速。

美国著名语言学家、政治活动家乔姆斯基的接受《时代报（校园版）》记者提出的"想想阿富汗战争，经济危机给世界带来的后果，社会贫富差距越来越大，这些知识分子都干什么去了"这一问题时说，"问题很简单：大部分的知识分子都是权贵的附庸。他们为政府提供咨询，自称自己是专家，为了功名而上蹿下跳。另外这些现象不仅仅是今天才有，而持续了几个世纪。但是每个社会在自己的范围内都有那些持批判精神的知识分子。两种知识分子其实对社会都有很大的影响，无论是权贵的附庸还是所谓的异见者。"所以，当一个社会有更多具有社会责任感、追求公平正义的有识之士不断对政府提出批判性意见，在美好的公正正义和残酷的现实之间架起一座桥，以保证政府沿着正确轨道和正确方向前进时，这是时代之福、社会之福。

所以，起草《知识分子宣言》的克列孟梭希望，"成百上千的诗人、画家、教授，他们认为放下手中的钢笔或画笔来参与评论国家的事务是他们分内的责任，与此同时他们修正了'知识分子'这个词的含义。甚至于那些反对者们，那些辱骂德雷福斯的人以及那些国家利益的支持者们，也随着时代的激流，不再沉默或赌气，不再掩藏他们的恼怒和信仰，面对挑衅者，不再坚持学院式的静默和泰然处之的传统。"

社会的发展需要更多具有责任感的"不服从"公民，而当这些公民"不服从"的声音越来越强烈之时，公平正义也就越来越接近之时。

四

公民不服从的适用界限

例4:《英雄的完成：踏上回家的路》（纪念曼德拉）（王开岭）

一个稳定的政治制度，必须具有把政治家还原为常人的能力。

——林达

对投身社会理想的领袖来说，胜利后怎么办？是个远比"娜拉出走"（易卜生《玩偶之家》剧尾）更严峻的精神课题。尤其20世纪，发生了那么多诡谲的政治运动和制度裂变——那么多"神奇"与"腐朽"相互渗透、轮番转换的情况下，该设问更发人深省。

1999年，曼德拉宣布，将向总统一职永远告别，不参加下届竞选。谁都知道，这顶桂冠是他历经27年铁窗生涯后才由民意授予的，只要他不刻意拒绝——它就继续属于他，属于伟大的曼德拉。

但他说：我老了，该回家了。

这句黑皮肤般平实的话，一经出现，即将这个国家带入了巨大的心灵寂静中。它感动了非洲，也让地球仪为之震动。在这个为权力血肉横飞的世纪，若非亲眼目睹，谁会相信主动弃权的事呢？打江山坐江山，谁斗争谁当权——就像"谁投资谁收益"，早就成了历史和国际惯例。试看百年内，自诩"救世主"的终身制家长还少吗？谁不心安理得直到闭了眼才撒手权杖？斯大林一晃30年；齐奥塞斯库25年；昂纳克28年；卡扎菲30年兴犹未尽；乌干达的阿明48岁即自封"终身总统"；马科斯王朝20年；苏哈托集团32年……

一个国家真需要某个人——如此长久地为民众服务吗？无论他已多么老态龙钟、精神和性格已发生多大蜕化与病变？无论他的脑仓已多么锈蚀斑斑、不听使唤？

和那些风烛残年的"寡人"相比，曼德拉简直像个长跑归来的运动健将，发如烈火、肌腱结实，仿佛一尊非洲雄狮。但他坚持让人相信，我老了。

6月，南非首都比勒陀利亚，举行了"欢迎姆贝基、送别曼德拉"音乐会，成千上万国民手托烛光，热泪盈眶，唱起了《曼德拉之歌》……通过电视直播，这幅"心灵汪洋"的场面传遍世界，人们为之动容，为之沉思。

不仅黑人大陆，乃至全球，曼德拉都是深受爱戴的英雄，他的贡献和精神是世界性的。对他的信赖和注视，越过了民族、肤色、宗教之界限。如此大的感召力和榜样魅力，在政治家谱系中凤毛麟角。

曼德拉生于一个酋长家庭，假如说这身份带给他什么实惠的话，那就是读书机会。为了"永不统治和压迫别人"，他放弃酋长继承权。在罗本岛监狱，他说："在那些漫长而孤独的岁月中，我对自己人民获得自由的渴望，变成一种对所有人——白人和黑人都获得自由的渴望。"为了不流血的和平民主，他顶住黑人解放阵线的内部压力，与政敌做马拉松式的多党谈判。他非但不支持"把白人赶进大海"，反而呼吁黑人"将武器扔到海里去"。他不计前嫌，与德克勒为首的白人团体共推南非和平进程。天不负人，终于，内战避免，种族制度废除，南非实现了多种族平等大选。这个曾经冲突最激烈的国家，在曼德拉的率领下，并未沿袭"纽伦堡"式的国际审判方式处理宿怨，而是成立了"真相与和解委员会"。

在总统就职仪式上，他特意将当年看守自己的监狱长请到贵宾席就座，对记者提问，他说，"如果我不能坦然面对自己27年的监狱生活，将永远活在自己心灵构筑的监狱里。"

可以说，没有曼德拉这位和平主义者，没有这种海纳百川的胸怀和精卫投石的信念，今日南非恐怕仍会像卢旺达、刚果、新几内亚那样，沉浸在哀鸿遍野的硝烟中。毫无疑问，没有曼德拉，就没有新南非——至少不会这么快就有新南非。

然而，就在总统任期刚满一届时，"国父"却执意要将这个正蓬勃向上的新生儿托付给年轻一代了。对于此举，媒体赞道："如果说不屈的精神和博大胸怀是曼德拉魅力之源的话，那么退位的勇气则给这种魅力新添了迷人的光环"。

当一个领袖处于荣誉巅峰时，他本人却敏锐地意识到：让权力过于集中或长久滞留在某人手中，无论如何都是危险的、不道德的，都是对国家利益和公共权力的损害，都是对民众力量的蔑视和不尊重……这样的想法，基于一种品格，更源于一种成熟的政治理念。

为了向继任者表达敬意和支持，在庆祝晚会上，曼德拉特意比姆贝基提前5分钟到场，他笑着说，自己只是一名普通公民，理应恭候总统。

从"酋长"到战士，从战士到囚徒，从囚徒到总统，从总统到平民，曼德拉终于为他的生命角色画完了一个圆，恪尽了对这个国家的义务。

比起5年前的就职，曼德拉的卸任将更深沉地镌刻在世人心中。有时候，一个人离去的背影比其迎面走来的时刻，更显高大。

曼德拉不会走向自己的反面了，不会被胜利后的"金羊毛"俘虏了，也避免了被权力打败的噩梦。

因为，他退休了。

相反，多少政治老人因没及时踏上返乡的路，失掉了保住晚节的最后机会。

（一）从社会制度考察，公民不服从适用于民主、法治社会

公民不服从之所以成为二战后西方国家民主政治生活中一道独特的风景线，与现代民主、法治制度的完善和成熟直接相关。因为只有在现代民主、法治社会中，人民主权原则才会作为终极道德和权威，人民的同意和支持才成为衡量一切政治行为合法性之维。唯有此时，人民才能积极参与公共政治生活，实现对国家权力的制衡。实施公民不服从亦成为维护人权、提出异议的有效且合理形式，能获得公众和社会的道义支持，为自身赢得合法性基础。

不仅如此，公民不服从理论源于民主、法治制度的局限性，是弥补民主、法治缺陷的重要平衡力量。在现代民主、法治社会中，少数服从多数原则是保障社会公平正义、有效立法行为的最佳方式，但并不意味着多数制定的法律完全为正义。因为多数有可能基于个人利益而不是公共利益进行决策，制定出对少数明显不公的法律和政策；或者，受到知识和推理能力的限制以及问题的不可预测性，选择了不利的法律；或者是肯尼思·约瑟夫·阿罗提示的"投票者悖论"现象，出现前后矛盾的群体偏好，基于这一偏好制定的法律未必反映多数的

真正意图。当制度内设计无法有效应对民主、法治缺陷，必须借由制度外力量——公民不服从有效弥补这一缺陷。即公民借由公民不服从推动社会变革，以矫正民主、法治缺陷。公民之所以选择公民不服从形式，是因为公民不服从能以较和平的形式，在不威胁社会基本制度框架下治疗司法审查的最终失败，以维护公民的权利。以此观照我国当前的社会现实，民主、法治建设刚刚启动，还未能算是成熟的民主、法治国家，若轻率地实行公民不服从，能否获得较好的社会效果显然令人质疑。

（二）从人的因素考察，公民不服从须立足于社会成员已经普遍具有较高的公民意识基础上

公民不服从是公民意识成熟的象征，反而言之，如果公民意识不成熟，则所谓"公民不服从"未必带来建设性效果，且因缺乏公民不服从的内在精神实质而流于暴力、流血和冲突。

公民不服从所诉诸的问题能否引起社会大多数的关注、解决，取决于社会大多数成员对正义理念的关怀是否大于对个人利益的关注。唯有更加关注社会正义才能对公民不服从的精神力量——现代公民社群正义感只有在人的主体性经历商品经济的涤荡后充分觉醒，只有平等、自由的契约关系真正成为人与人之间的基本关系，只有在平等主体的公民世界中，只有公民意识充分成熟时才能真正形成。由此观照我国当前的政治道德和政治文化，作为现代主体性表征的契约精神尚未充分确立，公民意识还很薄弱，尽管现代公民权利意识已经觉醒，但公民的公共责任感和现代社群正义感还很薄弱，更由于缺乏法律意识的有效规制，若无节制地采取"公民不服从"，进而导致参与爆发，将造成各种社会冲突和流血，威胁社会正义。

（三）从社会效果考察，运用公民不服从须有利于社会正义、和谐

现代政治职责和义务理论告诉我们，若社会正义原则遭到侵犯，公民负有捍卫自由的权利和抑制不正义的义务，而抑制和反抗若通过正常途径未能奏效，即使会对社会秩序和法律的遵守带来消极影响，公民不服从也属于不得不动用的手段。但大多数政治义务理论又强调只要社会基本结构正义，且"不正义法律不超出某种界限，我们就要承认它们具有约束性"。因为在现实政治生活中，遵循正义宪法的自然义务，及对缺乏完善程序正义的恰当认可是遵守不正义法律的义务来源。在此，不同的义务原则相互冲突，如何解决冲突，协调权利和义务？对此，应看到公民对不正义法律不管是服从还是不服从，最终都是营造一个正义、和谐的社会，因而须以公民不服从行为最终是否有利于促进社会正义、和谐原则来确定优先顺序。

当正义、和谐原则运用到一个具体情境，考量是否应该实施公民不服从行为。首先，需要清醒地认识到以公民不服从方式反对社会的不正义，明显是以一种危险的权宜之计来排除另一种不可忍受的危险。为了把对社会秩序和法律破坏的危险降到最低限度，必须强调公民不服从须在承认现行宪法的正义和有效性，在现有制度下，以公开、非暴力的方式进行。否则，实施公民不服从行为亦会产生严重混乱，甚至会破坏正义宪法的有效性。其次，若从长远的角度来看，不正义的负担或多或少地平均地分配于社会的不同的群体，不正义政策所造成的困苦并不太重，某种程度的不正义是社会必然性的要求，如果不这样，将会产生更大的不正义。此时，须对公民不服从进行一定的限制。最后，还须历史、辩证地看到国家、民族处于不同的发展水平，应对公民不服从的能力和制度水平不一。发展中国家由于法治、民主的不完善性，稳定具有压倒一切的优先原则，即使存在一些严重违反社会

正义的法规和政策行为，也是属于社会发展中不可避免的必然性，若擅自发起公民不服从运动，可能造成对社会正义更严重的破坏，使实施公民不服从的社会正义成本甚至高于遵守不正义法律的社会正义成本。正是在这个意义上，我们当前处于社会转型时期，稳定、和谐的社会秩序至关重要，而实现稳定、和谐社会秩序的力量在于法律，只有法律得到严格的遵守，法治社会才能形成，社会正义才能得到维护，因而，当前必须慎用公民不服从。

可见，公民不服从所秉承的正义、良知、自由是权利和义务协调统一的成熟公民意识表征。虽说公民不服从作为一种运动方式在当前须慎用于我国社会，但其内蕴藏的精神却是我国公民所缺乏的，也是理应培育的公民意识。

阅读与思考：

1.如何全面认识"公民不服从"？为什么说只有成熟公民才会有真正的"公民不服从"？

2.试分析"公民不服从"的历史渊源，并分析其实质。

3."公民不服从"与社会公平正义、社会发展是怎样的关系？为什么说成熟的"公民不服从"推动了社会的文明进步和公平正义？

4."公民不服从"与不服从政府管理、不服从法律判断有什么本质的区别？为什么？

5."公民不服从"有其严格的适用范围，其适用范围是什么？

活动设计：

请研究梭罗、曼德拉、英·甘地或马丁·路德·金参与社会政治生活的事例，说明"公民不服从"的实质并分析其对社会进步的意义。

第十一章　公民表达

（思辨与公共生活）

引言

公民，这是何等尊贵的身份！既然你是合法公民，为什么不亮出你的身份？

公民的对立面是"臣民"。在封建专制年代，人与人之间是没有平等地位的，"臣民"要服从于皇权的统治，每一个人都没有自己的独立人格、自己的思想和个性，因而，也就没有尊严感、安全感，这是一个非人的年代。现代公民社会，人的尊严得到充分尊重，人的个性得到充分张扬，人的权利得到充分保护。

但是公民意识并不是自然形成的。著名学者李慎之先生曾经说过，"千差距，万差距，缺乏公民意识，是中国与先进国家最大的差距"。由于封建文化传统的影响、市场经济不完善、缺乏公民权利的有效保障机制，加上公民教育的缺失等诸多因素，中国百姓公民意识薄弱，人们不能通过自己的言行表达自己的公民地位。所以，发挥思辨的力量，让每一个人真正理解公民含义，在公共生活中通过各种途径和形式表达自己的公民地位，这是政治文明建设的一个重要目标和重要任务。

　　行使权利、参与政治生活、遵守宪法法律、切实履行义务、承担公共责任这既是公民意识的体现，也是每一个人表达自己公民地位的重要方式。

—

思辨一：权利可以放弃吗？

　　"权利可以放弃"？这一种观点，它符合法律规定，教科书中也这样讲，它已经渗透到了每一个人的思想意识深处。

　　果真是这样的吗？我们需要做深入思考、辨析、判断。

　　权利意识是公民对自身依据法律规定应该享有的利益和自由的主观体认，包括对权利体系的认知、理解，以及对权利的主张，当权利受到侵犯时为维护权利而斗争的精神。可见，权利意识是对人存在的价值的肯定，强调的是共同体赋予公民资格和利益，张扬了个体的主体性。

　　（一）权利：肯定和张扬了公民的主体性

　　权利是对每个人作为一个独立人存在的资格的肯定。权利对人存在资格的肯定表现在以下几个方面：

　　1.肯定人自然生命存在的权利，是维持肉体生命存在所具备的基本条件。这些权利中包括对获取食物、住宿、衣服、安全等基本的特质利益需要的肯定，这些需要体现为人的生存权利。

　　美国总统富兰克林·罗斯福于1941年1月6日提出了"人类四大自由的纲领"，即保证每一个人享有言论与表达意见的自由、追求信仰的自由、免于恐惧的自由、免于匮乏的自由。四大自由中有两项是与肯定人自然生命的存在相关的。对生存权利的否定就是对其自然生命的否定，所以宪法和法律强调了保障公民生存、生命和健康权利，一切侵权行为都将受到法律的惩处。

社会生活中有一些人为了自己的追求和信仰放弃了宪法和法律赋予的生命和生存的权利。如，雷锋奉行"我要把有限的生命投入到无限的为人民服务之中去"的信念，放弃了自己很多权利。雷锋精神可以作为道德典范加以褒奖学习，但不能要求每一个普通公民都要像他那样。

社会生活中有更多的人因为自己的自然生存和安全有了保障，因此也会主动放弃自己的权利。如，一些人合法权益受到侵害提起诉讼，但只要求1元钱的赔偿，既捍卫了自己的尊严，又放弃了自己要求得到进一步赔偿的权利。

但是，当一个人连起码的安全、生命、健康资格都难以保障的情况下，我们就不能够放弃自己的权利。如，社会中对弱势群体的保护，就是为了保证每一个公民的自然生命和生存的权利。

2.肯定了人作为社会性存在的权利，是一个人主体性的体现。

人的存在具有社会性的，马克思说，"人的本质不是单个人所固有的抽象物，在其现实性上，它是一切社会关系的总和。"人存在的社会性决定了权利意识的社会性。在现代社会，人权成为评判一切社会事务的最终道德评判标准。相应地，在公民权利中，人不再隶属于任何外在的权威，成为独立、自由主体，而政府之成立、政治之运行一切均在于维护人的利益和需求，从而体现人的主体性特征。

选举权和被选举权是我国宪法赋予公民的一项基本的民主权利，行使这个权利是公民参与管理国家和管理社会的基础和标志，这是一项事关公民主人地位和身份的权利，是否珍惜，是否积极参加，关乎社会治理和每一个人的切身利益，更事关你在社会治理体系中的角色定位。你可以放弃或不珍惜，但结果可能是你的社会地位的丧失、你的意愿不能得到充分满足甚至受到严重损害。

监督权与是宪法赋予我国公民的一项重要权利。在我国，一切国家机关和国家机关工作人员都是为人民服务的，你可以对他们行使监督权，监督他们的工作。如果你放弃这一权利，就可能导致国家机关和国家机关工作人员的不作为、乱作为，就可能导致效率低下、贪污腐败，如果那样，整个社会的进步受到影响，你自身的利益也会受到侵害。

3.意味着每一个人尊严的权利，是一个人独立人格的标志。

一个人的权利不仅仅是物质利益，更是一个人尊严和不可侵犯的独立人格。

当个体的权利受到侵犯时，他可能面临着主张权利还是主张利益的矛盾和两难选择。若是主张权利，为权利而斗争，就会保障自己的权利和自由，但也可能带来和平的丧失、冲突、风险甚至利益和财产的付出；若放弃权利主张，任凭他人对自己权利的蹂躏，虽然将丧失物质利益，但可能会带来和平。由于权利的斗争起源于他人的侵犯、隐瞒、蔑视，这种伤害不仅仅关涉到之被侵害人的物质利益，更关涉到被侵害人的人格。即在侵害人心中，被侵害人是不值得尊重的具有平等人格尊严的人，是可以欺负和蔑视的人，是对被侵害人的成员资格、力量的否定。若被侵害人回避侵权事实，选择放弃，他所丧失的将不仅仅是物质的标的物，更是作为平等人的尊严和价值，维护权利是对人的尊严和价值的肯定，争议的目的补偿了手段。为此，权利意识要求他"承担起维权责任"，为争取自由和尊严而斗争。

（二）权利：民主政治的精神力量

公民参与政治生活的广度和深度是衡量政治民主程度的重要标尺。

民主的深入发展要求公民充分参与政治生活。

然而，现代社会由于规模庞大，公民既无必要也无可能充分参与国家的一切公共事务，而主要通过投票方式参与，或者在公共事务中识别问题，提出建议，表达利益，影响政治决策，以实现民主治理。参与公共事务和参与投票等方式都需要公民付出一定的时间和精力，唯有富有权利意识的公民才会积极参与政治，影响政治的输入和输出，使公共政策的制定不至于偏离自己的利益和阻碍自己的自由。而抱着此心态的公民越多，参与的深度和广度越能得到保证，公共决策和公共政策、法律制定越能体现"公意"，民主政治就越能保持旺盛的活力，越能体现出其他政治体制所不具有的优越性。可见，参与政治生活的权利是可以放弃的，但是你放弃的会是你的切身利益和公众利益，甚至是社会的公平正义。

现代国家通过宪法规定公民权利，以规范公共权力运行边界，避免对公民权利的侵犯。但宪法对公民权利的保护，对政府行为的限制仅仅停留在"应然"状态，权利的实然状态取决于公民为权利而斗争的精神。当公民的个人权利和自由遭受政府部门及其官员的侵扰时，维护权利、为权利斗争不仅需要付出时间、精力，而且还可能付出财产甚至生命的代价。此时，唯有富有权利意识的公民，珍惜权利，积极行使权利，才会积极地为实现权利而斗争。

所以，主张权利、为权利而斗争的权利意识不仅是培养具有参与精神的公民所必需的，也是培养维护社会公平正义和社会公共利益所必需的，这样的权利如果放弃了，不仅是对自己的尊严价值的不尊重，也是对社会发展的冷漠态度和不负责任。

（三）权利：法治实现的精神保证

法治并不是仅靠制定法律就能实现，法律实施的有效性，依赖于人们的法律情感，唯有人们确信法律能够保护他们的利益和人格，法律能维护社会公平和正义，对法律的尊重情感才能养成，法治才得以实现。

我们之所以遵守法律，并不仅仅是因为被迫遵守法律，而是因为我们感到遵守法律是正确的。因为法律原则体现了我们的道德情感，体现了对人权的尊重，维护了公平正义，维护了人的自由和平等等政治的道德原则。

但法律背后的法律原则和法理理念并不会自然呈现，它隐藏在规则之后，只有当特定侵权事件发生，在冲突各方就如何解释法律规则发生争论时，法律规则背后的法理理念才会在人们的争论中呈现。不仅如此，在一个具体案件中，可能存在着适用该侵权事件的不同性质甚至相互冲突的法律原则。如，某人为了给饥饿的儿子食物而偷了面包，保护私有财产的原则和保护人生命的原则在此案件中产生了冲突。为了协调冲突，必须在两个原则之间进行平衡，在此平衡过程中，理性推理告诉我们规则的分量取决于它的重要性，而在价值体系中，人的生命价值具有最为重要的意义，从而在法律的争执中明辨是非。由此可见，公民是在维护权利的实践中，通过法律原则的冲突、斗争和争辩，才对法律规则背后的法律原则、正义的法理念获得清晰的理解和感知。换而言之，只有在为权利辩护、斗争的实践中，法律的正义之光才能更加闪亮和耀目，从而滋生了公民对法律的信任、尊重感情，法律信仰因此得以产生。不仅如此，公民在运用法律维护权利的斗争实践中，摆脱了胆小怕事、麻木不仁的奴性和萎缩的法律人格，培养起具有强烈是非感和正义感的法律人格，此种法律人格保障了法治的实现。

此外，法治的实现需要人们为权利斗争的精神。富有权利意识的个体是敢于为权利而斗争的个体，一旦私权受到侵犯，他们不会因胆小怕事而退缩，不会因为冷漠而听之任之，他相信法律是正义而公平的，会运用法律武器争取自己的权利。历史表明，权利并不会自动来到公民之中，权利的实现是一个持续性的事业，它不单单涉及国家权力，更需要所有公民共同努力，孜孜不倦地为权利而斗争，才能使"纸上的权利"成为"现实的权利"。

可见，公民珍惜权利而不轻易放弃权利，公民为权利而斗争的益处不仅仅限于他的利益和自由得到实现，还在于他的斗争产生社会辐射效应，他的行为不仅使社会其他成员体会到法律的威力，感受到法律的正义和尊严，更重要的是感受到了为权利而斗争的意义和价值。若公民的私权受到侵犯，个体因为害怕或因为冷漠而听之任之，或者采取暴力、人情等非法律方式救济自己的权利，那么不仅他对法律的尊重情感会受到伤害，而且还会伤害其他公民对法律的尊重情感，为权利而斗争的精神在社会中消失，法律成为可有可无的摆设，法治实现将丧失推动力。

二

思辨二：政治与我无关吗？

在日常生活中，由于多种因素的影响，很多人认为政治与自己无关，是否参与政治生活无所谓，甚至有人幻想脱离政治超脱政治。

政治与我们无关吗？我们能够脱离政治超脱政治吗？这些观点具有普遍性，具有极大的欺骗性和危害性。

公民参与政治生活是公民主动参与公共政治生活的意愿和行为。

积极参与公共政治生活意识体现了公民追求自由实现、自我管理、自我发展、自我服务、自我监督、自我掌控命运的主体性，体现出公民意识的积极、主动维度，是积极公民意识体现。

（一）政治参与：公民自由实现的精神保障

从哲学角度来看，自由是指不受强制和奴役，能够自主按照自己的愿望和利益行事、生活。强制、奴役、受到约束是人不自由的表征。而约束和奴役或来自外界，或来自自己内心。英国著名思想家以赛亚·柏林认为，不受外界约束，就是没有人或人的群体干涉我的活动，能够不被阻碍地行动，这是消极自由。而个人不受内在的冲动、欲望和反社会情绪的主宰，是服从理性的、高级的自我，成为自己的主人，则为积极自由。

自由对人类具有重大意义和价值，是人类追求的目标。匈牙利诗人裴多菲《自由与爱情》诗大家都知道，"生命诚可贵，爱情价更高。若为自由故，二者皆可抛"，可见自由的价值。自由可以使人类探索发现真理，培育思想和思维活跃的大众，使信念、真理永远保持生命力，不至成为死板的教条；自由可以使个人遵循心灵的本性，按照自己的志趣，独立自主地运用自己的理解力做出判断和选择，并据以指导自己的行为，人性才能得到舒展，首创精神才能得到尊重，社会活力受到激发，人类才能更好地发展，幸福生活才有可能。

公民的自由状态也体现为消极自由和积极自由。公民的消极自由是公民能够在法律规定范围内不受政府和他人干预，充分地享受自己的自由，即公民可以不受他人无端干涉地自由思想，自由发表意见，自由行动。而积极自由则是公民能够自我约束自身的非理性倾向，以公共理性为宗旨，成为自己思想和行为的主人。

消极自由的剥夺与外在约束有关。在公共生活中，对公民消极自由的威胁主要在于制度的专制和公共权力的滥用。专制社会中的不自由在于人们的选择是受胁迫的,人们无法按照自己的本意进行选择。此时,为了获得自由,公民须积极参与公共生活,推翻专制制度,夺取政治权力,合法界定公民消极自由界限,以维护公民消极自由,如,在新民主主义革命时期,中国人民在中国共产党领导下推翻三座大山压迫,实现了当家作主的权利。可见,在民主受损的社会,参与政治生活,以强烈的参与意识和行为变革专制社会是维护消极自由的内在动力和精神保障。放弃参与权利就意味着甘心接受专制统治,这是每一个人都不希望的。如美国的人权运动,南非非洲人国民大会反种族隔离运动。

在民主国家,公民的消极自由也会不时受到侵蚀。首先,由于历史的现实的种种原因,"人民主权"原则会时时受到威胁。在中国,由于民主建立的时间还不长,民主制度的完善有一个历史的过程,社会主义民主本质的优越性的发挥并没有得到充分实现。其次,国家机关和国家机关工作人员为公众服务意识不强,不作为、乱作为,以及有法不依、违法贪腐等还时有发生。为了避免公共权力的滥用,公民可以通过定期的投票选举控制政府官员和公民代表,迫使他们对选民负责,为选民的利益服务;也可以通过新闻媒体理性地批判公共权力,对政府官员进行舆论监督;更可以通过参与政府决策和法律制定,进而影响政府的公共事务和公共决策,对公共权力进行制度规范,以此控制政府官员和公民代表的行为,规范公共权力运行,维护公民自由。而强烈的政治参与意识是推动公民参与公共政治生活,控制和监督公共权力,使公共权力运行不致侵犯公民个人自由的内在动力。如果我们大家都认为政治与自己无关,那么公共利益就会受到影响,进而损害每个公民自己的利益。

对公民积极自由的剥夺者并非来自外在的强制胁迫或干预，而在于个人狭隘的、自私的，甚至反社会特质的因素，如空虚、贪婪、野心、妒忌等消极情绪和思想的内在约束。为此，人类需要获得积极自由，不仅要摆脱外在的强制和干预，还要摆脱内在低级情绪的约束，使自己服从于高级理性自我的规定，成为理性和意志的拥有者，只有这样才能成为自己的主人，享受自由。

（二）政治参与：公民自我发展的精神保障

公民的自我发展，主要是指公民真正理解自身权利地位进而完善自己独立公民人格，而这一目标的实现依赖于公民的政治参与。

公民参与政治生活会使公民认识到，若一味地听任自己的欲望和偏好的主宰，只享受权利而不履行义务，那么他将无法获得他人的合作，不仅公共协商无法获得有效成果，而且"这种非正义长此以往，将会损害政治共同体存在，甚至导致政治共同体内部的对立。为了使社会合作得以产生，个体必须放弃自私自利的本能需求，赋予自身的行为以理性，公民必须将视野从狭隘的自利领域扩展至公共领域，将自己的私人利益和公共利益相结合，尊重他人同样的自由和权利，因为自利的不平等要求必然会受到其他公民的抵制。因而，在公民参与政治生活过程中，既捍卫了自身的权益，又能够兼顾其他人的权益，既保证自己说话的权利，又尊重他人的说话的权利，尽管你可能不同意他人的观点，也就是伏尔泰的一句名言，"我不同意你说的每一个字，但我誓死捍卫你说话的权利"。公民通过政治参与过程不仅获得政治自由，而且还使公民学会以公共理性和正义感来考虑事务，学会以负责任的方式思考和言说，从而提高了公民的道德品性，获得道德自由，成为自律的道德主体。可见，政治参与推动公民自我发展其公共美德，并成长为"好公民"。

不仅如此，政治参与能够培养公民的民主方法和民主技能。民主需要在公共领域理性地表达个人意见，通过协调沟通，以达成共识。换言之，好公民须具备良好的语言和沟通技能，秉承公共理性说服他人。这些民主素养的养成有赖于公民对公共事务的参与。

公民的政治参与推进了公民全面成长，不仅如此，公民对参与过程的体验和实践所带来的自尊满足以及由此形成的成就感和幸福感是参与政治生活本身所内蕴的价值。

参与政治生活本身富有价值，而参与意识能促使公民展示自己、超越自身、发挥潜能，体验人生的意义和自我价值。公民须把握和珍惜每一次参与政治生活的机会。

（三）政治参与：社会稳定与和谐的精神保证

政治作为社会利益的重要调节机制，使每个公民对其决定具有同等关切。政府权力的行使是否规范，社会利益的分配是否公平，公民权益的保障是否完善，等等。这些问题直接影响到人民民主的实现程度，与每个人的利益息息相关。因此，公民不能放弃政治权利，只有积极参与政治生活，监督政府的行为，影响公共政策，才能维护公民和公众的利益。

但事实上，一些人却游离于公共领域之外，有些人是因为缺乏政治参与意识，有些人则是因为"政治与我无关"的错误认知。当然，也有因为制度设计不完善等导致一些人被排斥在政治生活之外。但是，尽管一些人游离于政治生活之外，或者被排斥在政治生活之外，但他对自身利益的关心和关注始终不会放弃，一旦公共管理或公共决策不利于他们的愿望并使得他们的利益受到极大损害，或者社会公正正义受到威胁时，社会的稳定和谐就可能受到威胁。

公民的政治参与能够增强公民对社会的归属感，培养公民的忠诚意识，从而具有整合、团结社会成员的功能。公民参与政治生活时，作为同等的人，通过行动、言说，向他人展示自己，与他人互动、协商，受到他人肯定和承认，为了共同的公共利益，商议事关所有人的共同问题。在此过程中，公民相互帮助，相互认可，体验作为共同体成员的亲密感，享受集体感，形成命运共同体。并且，由于社会目标是公民自己选定，社会政策是公民亲自参与制定，所以社会目标与公民的内在目标是一致的，虽然公民在确定社会目标时的影响力小而又小，但终归参与决策过程，表达过自己的意志；虽然自己的主张和建议也许并未成为公共政策，甚至已采纳的公共政策曾是自己极力反对的，或者所制定的法律被公民认为是不公正的，但它不是外在的权威所施予的，是公民亲自参与决策的结果，是公民共同关心的产物，充分体现了公民的主人地位，从而培养了公民的忠诚意识和归属感，并且为法律服从和政策执行提供了坚强的基础。可见，由参与意识推动的公民参与是增强社会稳定与和谐的基础，参与政治生活不仅能够尽力维护自身利益，也能够维护社会和谐稳定。

三

思辨三：为什么人情大于法？

2013年3月8日上午，全国政协十二届一次会议举行大会发言。周新生委员发言的题目是《尽量让国人不求人少求人》。他说，"我们国人的生活中，存在大量求人的事，生老病死都要求人"。"在求人图卷里，中国人传统的人情世故得到演绎，使得本来处于困境寻求帮助的事以及原本正常靠制度靠法律应办的事变得几乎事事求人。"

　　人情大于法的现象相当普遍，一方面消耗了每个人大量精力成本和人格成本，更重要的是整个社会的法治化程度受到严重阻滞，社会文明进步步伐受到严重影响。这其中一个重要原因是公民法律意识的淡漠。

　　公民法律意识是指公民对由法律规定与公民身份制度关联的权利、义务的认知、情感和评价。

　　（一）情与法：必须正确处理好的一对关系

　　古人说："人非草木，孰能无情"。"情"指情感，即人们对客观事物所引起的肯定与否定的心理反应。人在社会交往中，因情感而形成情分和面子，而这种情分和面子又往往左右着人们的行为。在实际生活中，不仅仅存在"法"与"情"的统一的一面，而且也存在着"法"与"情"相对立的一面。如何摆正"法"与"情"的关系，在人情与国法发生矛盾的时候，做到不以情代法，遵守法律，是每一个公职人员和每一个公民必须正确解决的问题。

　　法与情有统一的一面。法代表的是公众的情，社会的普遍之情，是社会的公平正义之所在，是一个社会秩序和文明和谐的保障，对大众利益的保护和对社会正义的保护，这就是法和情相统一的方面。法和大众之情是统一的。

　　法和私情更多存在对立的一面。人都是有情感的，情渗透在人们的心灵深处，也是人的本能所在，情感的种类繁多，上下级情、手足情、战友情、同事情等等，但这些私情如果和大众之情相矛盾，如果违反社会公平正义，那么这时的"情"和"法"就是相互矛盾和对立的了。这时，如果公职人员和普通百姓冲昏头脑，把"情"凌驾于"法"之上，就会动摇社会秩序和公正正义的基础。

　　所以，情大还是法大，这其实是一个答案很明确的问题。法律代表的是社会公平正义，代表社会最多数人的共同利益，代表的是国家意志。公职人员就是代表公众执行法律法规的，理所当然应该坚持法治精神和原则，遵守宪法法律是每一个公民应尽的义务，所以，当"情"和"法"发生矛盾时，"情"服从于"法"应该成为现代社会的一个基本要求。

可是，以"情"代"法"、"情"大于"法"、重"情"轻"法"、先"情"后"法"的现象还普遍存在，就像周新生委员所讲的，"在求人图卷里，传统的人情世故得到演绎，使得本来处于困境寻求帮助的事以及原本正常靠制度靠法律应办的事变得几乎事事求人。"

解决"情"大于"法"，实现法治社会，需要我们做很多艰苦细致的系统性工作，需要更新人们的观念、需要更彻底的行政管理改革、需要社会监督机制的完善等等。

（二）法治观念：建设法治国家的基础

法治的力量来源于民众对法治的信仰和拥护。卢梭曾说，一切法律之中最重要的法律，既不是铭刻在大理石上，也不是刻在铜表上，而是铭刻在公民的内心中。法律是人民意志的体现，是社会全体成员的行为准则，它凝结着民族精神，承载着规律和真理，最值得信赖和崇敬。中国共产党十八届四中全会通过的《关于全面推进依法治国若干重大问题的决定》明确提出，"法律的权威源自人民的内心拥护和真诚信仰。人民权益要靠法律保障，法律权威要靠人民维护。必须弘扬社会主义法治精神，建设社会主义法治文化，增强全社会厉行法治的积极性和主动性，形成守法光荣、违法可耻的社会氛围，使全体人民都成为社会主义法治的忠实崇尚者、自觉遵守者、坚定捍卫者"。

（三）法治：国家治理现代化的基本价值取向

要实现国家治理现代化，最基本的是基本价值观念符合现代社会

发展要求。法治体现了以下基本价值观

1. 秩序价值

秩序的存在是人类生存、生活、生产活动的必要前提和基础。没有秩序，人类的公共性活动就不可能正常进行。当代中国，内部秩序的基本形态包括公共生活秩序、市场经济秩序、民主政治秩序、意识形态秩序；外部秩序包括国际经济秩序和政治秩序。秩序的存在是人民安居乐业、国家长治久安最基础、最根本的条件，所以，国家治理首先要建立和维护秩序，法律是多数人意志和利益的体现，维护的是社会整体秩序。有了秩序，也就有了百姓安居乐业、自由思想、创造活力、生活质量以及每个人的追求和梦想。这样，才会有百花齐放、百家争鸣、尊重差异、包容多样、"和而不同"的秩序；才会有尊重劳动、尊重知识、尊重人才、保护技术和资本等社会资源，让一切劳动、知识、技术、管理、资本等生产要素的活力竞相迸发，让一切创造社会财富的源泉充分涌现，等等。

2. 公正价值

公平正义是现代法治的核心价值追求，也是中国特色社会主义的内在要求。因而，国家治理的核心价值必然是体现党和国家执政为民的理念和社会公众的公平诉求，保障和促进社会公平，建设"公平中国"。在国家治理范畴内，社会公平主要包括权利公平、机会公平、规则公平、司法公正。有了权利公平，即权利主体平等、享有的权利平等，才会有权利受到平等保护；有了机会公平，才会摒弃特权，保证每一个社会成员平等参与各类竞争，从而拓展个人自由创造的空间，最大限度发挥每一个人的能力和潜能；有了规则公平，才能实现法律面前人人平等，社会有序运行，社会中每一个人的合法权利受到平等保护，每一个人的人格尊严受到平等尊重；司法公平是社会公平的最后一道防线，是社会公平的底线，有了司法公平，才能够维护社会公平正义，人民群众才会对社会公平正义有信心、对法律有信任、对法治有期待，法治化社会才能最终建成。

3. 和谐价值

我国正处在改革的深水区和发展的关键期，同时也处于社会矛盾的凸显期。面对这一国情背景，构建社会主义和谐社会，努力促进人与人之间、公民与国家之间、群体与群体之间、阶层与阶层之间、区域与区域之间、乃至国家与国家之间和谐，实现各主体各得其所又和谐相处，毫无疑问应当是国家治理的核心价值。

在推动国家治理现代化中，以和谐作为法治和国家治理的核心价值，就是要把和谐价值融入法律规范体系和国家治理制度体系之中，致力于构建社会主义和谐社会。法治可以引导和维护作为社会细胞的个体与个体的和谐，在诚信友善的基础上，促进人与人之间真诚相待、坦然相处、友爱互助，建立起良好和谐的人际关系，夯实和谐社会、和谐中国的根基；可以引导和维护人与社会和谐，包括公民与国家的和谐，个体与集体的和谐，居民与社区的和谐，群体（阶层）与群体（阶层）的和谐等；可以引导和维护人与自然的和谐，人与自然的和谐与人与人、人与社会的和谐是相得益彰的；可以引导和维护中国与世界的和谐，推进国际关系民主化、全球治理法治化，尊重文化多样性和发展模式多样化，尊重各国独立自主选择发展道路的权利，尊重各国平等参与国际事务的权利，以合作谋和平，以合作促发展。

（四）法治：国家治理现代化的必由之路

现代国家，国家治理必须走法治化之路。国家治理法治化包括治理体系法治化和治理能力法治化两个基本方面。

法具有强制性和规范性。国家治理制度只有通过法治化，才能定型化、精细化，把国家治理制度的"分子结构"精细化为"原子结构"，从而增强其执行力、运行力、可操作性、规范性、有序性。在中国，国家治理法治化路径应该是：党和政府先是以党内法规和政策形式宣示、确认其治国理念、道路、路线等，待这些党内法规和政策在治国理政的实践中进一步成熟后，再通过立法程序将其上升为法律，由宪法或法律加以确认、完善和定型，以此作为全社会共同遵守的行为准则。

国家治理能力，既指各主体对国家治理体系的执行力，又指国家治理体系的运行力，还包括国家治理的方式方法。在我国，治理能力具体包括执政党科学执政、民主执政、依法执政的能力，人大及其常委会科学立法、民主立法的能力以及依法决定重大事项、保证宪法法律实施、对"一府两院一委"实行法律监督和工作监督的能力，人民政府科学行政、民主行政、依法行政、严格执法的能力，司法机关公正司法、定分止争、救济权利、制约公权、维护法制的能力，广大人民群众、人民团体和社会组织依法管理国家事务、经济社会文化事务、依法自治的能力，党和国家各级领导干部深化改革、推动发展、化解矛盾、维护稳定的能力。提高这些能力，最重要最关键的就是提高运用法治思维和法治方式的能力，解决法治缺位情况下治理动力不足和能力不够的问题。

善用法治思维和法治方式治国理政，就要把法治理念、法治精神、法治原则和法治方法贯穿到政治治理、经济治理、社会治理、文化治理、生态治理、治党治军等国家治理实践之中，逐步形成办事依法、遇事找法、解决问题用法、化解矛盾靠法的良好法治习惯。特别是在化解社会矛盾、维护社会稳定方面，不能简单依靠国家强制力、甚至国家暴力去压制，不能用行政手段"摆平"，也不能套用"人民内部矛盾人民币解决"的老办法，而是要通过法治方式、回归法治途径，把社会矛盾的解

决建立在法治基础上，把维稳建立在维权的基础之上。否则，就会陷入恶
性循环的"维稳陷阱"。

四

思辨四：精致利己主义真是利己行为吗？

北京大学著名教授钱理群在一次研讨会上语惊四座："我们的一些
大学，包括北京大学，正在培养一些'精致利己主义者'，他们高智
商，世俗，老道，善于表演，懂得配合，更善于利用体制达到自己的
目的。这种人一旦掌握权力，比一般的贪官污吏危害更大。"

精致利己主义者为什么会危害社会，而且比一般贪官污吏危害更
大？精致利己主义者真的是利己行为吗？这需要我们做认真思考、辨别
和分析。

当今世界，随着希腊、意大利、西班牙等欧洲国家主权债务危机
的暴发，越来越多的人发现，西方国家选民对选举的冷漠、对福利的
依赖和对抗性反应、民族主义运动的兴起，依赖公民协作的环境保护
运动的受挫，一件件摆在眼前的事实表明，仅凭良好的民主运行机制
和社会制度并不足以保证一个国家的兴旺和繁荣。

民主政治的良性运行不仅需要社会制度和机制，也需要公民的品
德和态度，公民的品性、公民责任意识作为公民意识的道德之维，是
维护民主国家稳定繁荣不可或缺的软要素，是一个国家综合实力的重
要组成部分。

（一）公民责任：享受国家福利的前提

公民责任和公民义务是有区别的。公民义务偏重于强调外在的客

观要求，具有强制性，所以法律规定，义务必须履行。而公民责任偏重于强调把这种客观要求内化为公民的主观自觉意识，是公民自觉自愿为国家社会尽职尽力的思想和行为，具有主体差异性。

一个公民从国家那里享受到的福利，首先必须由每一个公民通过自己的劳动创造出来，创造是财富的源泉，没有创造就没有财富，这是一个简单的道理。所以一国公民创造的财富越多，为社会贡献越多，他们才能更多从国家享受到福利，才能使自己得到更全面的发展。

一个公民，如果能够正确认识并理解个人利益和国家利益的辩证统一关系，能够认识到个人利益和国家利益有矛盾和对立的一面，同时也有统一和一致的一面，那么他就不会只考虑自身利益而抛弃国家和社会利益。如果这样，那么他就会自觉履行宪法和法律规定的义务，而不会把履行义务当作一种个人负担，这样的公民就有了责任感和自豪感。

所以，公民应当把履行对国家和社会的法定义务作为自己的自觉行动，使它成为每一个公民的社会责任，这样整个国家和社会得到发展，公民个人也由此得到发展。一个国家，只有当更多公民自觉自愿承担国家和民族社会的责任，这个国家才能兴旺发达，否则就会出现危机，甚至演化为动荡。

精致利己主义思想必须引起足够的重视，因为如果所有人都只考虑自身的利益，心中没有国家社会，没有责任担当，没有社会公平正义，没有共同理想的追求，那么国家的发展就会受到影响，社会良好的风气就会受到污染，美好的社会和谐局面就会受到破坏。

公民责任是基于公民身份制度而获得的普遍道德要素，是个人一旦获得公民身份就必须要做的，是由特定政治共同体法律规定的制度性责任，这种制度性责任内化于每一个公民意识中，公民强烈的责任感会推动社会文明进步，这是一个社会不断前行的主体强大力量。

（二）公民责任：公民优秀品性的重要表现

1. 公民责任感是公共领域而非私领域道德，是公共生活领域公民道德的集中体现，是公共道德抑或社会性道德。私人道德主要指向私人领域，要处理的是与亲人、朋友、同事等熟人之间的私事，涉及的范围小。而公民责任指向公共领域，处理与其他公民、国家的关系，涉及的范围更大，牵涉的人不仅是熟人，也包括陌生人。公民公共责任的目的与私人道德不同，私人道德在于维护私人之间的关系和私人利益，而公共责任要求"公民"摒弃自己的私欲，从共同体的公共利益出发，学会从"我们"的视角而不是"我"的一己之私出发，维护、实现公共利益。所以具有公民责任感的公民心胸更宽广、视野更开阔、眼界更高远，是值得公众依赖和尊敬的道德楷模。

2. 公民责任感是公民对社会发展的自觉自愿行为。这样的行为源于对社会发展的理性思考和长期形成的自觉观念和行为习惯，已经成为自己生活的组成部分和潜意识中的自由行为。公民责任感和公民义务有所不同，公民义务是出于法律的规定而不得不做的行为，具有一定的强制性，公民责任感相对于公民义务来讲更能体现公民的素养和品性。当一个公民由于担心法律的惩处而按规定交纳税收和一个公民出于自己的责任而向国家交纳税收，两者表现出的对国家责任和贡献的理解是不可同日而语的，前者是不得不做，后者是自觉自愿去做；前者体现出一个合格公民形象，后者呈现的是好公民形象。由此可见，公民的公共责任感主要是针对存在于政治公共领域的道德规范的主观认同和接受，体现了公民的道德品质。

3. 公共责任感是公民美德的集中体现。

公民的责任感包括基本道德和公民美德两个道德层次。

　　基本道德是普遍地对所有公民都具有规范作用的道德规范。这是依据公民身份制度所应遵守的道德原则或规定的表达，植根于人性的自私。类似于法律规定的公民身份所应承担的义务和职责。这种职责可称为最低限度的公民道德，是社会确保每一个公民确实像个公民所必须承担的最低限度的公民道德，是防范公民私欲的保护罩，是评判公民行为正当性的标准，是公民身份制度用以构建其存在的最低防卫体系。也就是，公民身份制度的存在是基于对公民某些共同的道德要求基础上，这些共同要求是社会成员普遍遵守的，也是维持公民社会生活秩序存在的必要道德义务，是客观的，不以公民个人的主观愿望为转移，与公民的个人选择无关。如，自觉排除、尊老爱幼、公共场所不大声喧哗等，这是对每一个公民都适用的基本道德要求，这是一个社会合格公民所应该做到的起码标准和要求，做到不一定是好公民，但做不到肯定不是好公民。

　　更高层次的公民道德是和公民个人的道德理想有密切关系的德行和美德。此类道德是公民的美德和德行，无法用明确的道德原则或规定表达，它所实现的是公民对卓越道德生活的追求，关注的是道德的高下程度而不是好坏之分。公民德行或公民美德植根于人性之善的潜能，培养的是对他人利益和社会普遍利益的关怀，是基于实现理想人格的道德追求。具有公民美德的人对他人和社会怀着慈善之心，可以毫无怨言地牺牲自我，以实现公共利益。假如说公民只是为了维系社会的基本存在而遵守共同的道德，至多能创造一个不令人讨厌的或者说可以忍受的社会，那么公民美德的履行则可以创制一个令人愉悦、满足和自尊的美好社会，实现着人性的完善和社会的美好。中央电视台每年都会评选感动中国的人物，这些人之所以能够感动中国，是因为他们怀揣道德理想，做出了普通大众难以企及的平凡而伟大的事，在他们的事迹面前，"高尚的人们撒下热泪"（马克思语）。公民美德依赖于公民的主观自我选择，是公民自我期许的道德标准，是公民关于自己要成为什么样的人，以及选择如何做的自觉的自我认同，因而对公民美德的诉求不能成为社会强制性规范，只能通过公民教育加以引导。

（三）公民责任：社会发展的强大动力

公民责任感是依据公民身份而获得的道德责任。由于公民身份是一个具有强大包容性和活力的概念，它能不断地整合各种新的发展问题，并使公民责任感的内容呈现出历史性和开放性。依据现代民族国家公民身份制度的基本规定，公民公共责任意识主要由以下内容构成：

1. 团结、忠诚、爱国的美德。公民身份规定了公民是政治共同体的组成部分，公民须忠诚于自己的共同体，热爱祖国和人民，体现出团结、忠诚、爱国的公民美德，同时负在推动共同体繁荣昌盛的责任，愿意为营造一个公平、正义的公共环境，履行"管理者和被管理者"角色所赋予的职责。一方面作为具有主人身份的管理者的公民须参与国家政权，视国家的事业为自己的事业，参与投票，参与法律、政策的制定，监督国家权力运行，监督政府及其官员工作，并判断他们行为的合法性，体验在政权建设中和国家生活中的自主性。据此，公民就应该珍惜参与机会，了解和关心政治，不断丰富政治资讯，并学习政治知识，培养政治技能，提高评价政府公职人员的能力，强化参与讨论公共事务的愿望，这是作为国家统治者的公民所需具备的能力美德，是公民积极性公共责任的体现。另一方面，国家成员身份决定了公民须履行被管理的职责，服从国家法律的统治，承诺履行纳税和服兵役的法律义务，这是最低限度的公民道德职责。当然，尽管法律规定了公民可以享有的积极政治权利，但事实上，一些公民只是履行服从法律、依法纳税和服兵役的最低公民道德义务，而并不积极履行参与公共事务的职责。而一个具备"管理和被管理"的公共美德的公民，当社会不正义发生或"人民主权"原则遭到践踏时，应该是秉承公正意识，把创造一个公正和美好的社会视为公民职责，为此积极参与政治，监督、质疑权威人物，并积极抵抗社会不公正，而不像消极公民那样袖手旁观或寄希望于他人帮助解决，只想做一个"搭便车的人"。一个国家的综合国力不但体现在经济、科技、军事等硬实力，还体现在文化、凝聚力等软实力，公民之间保持团结，对国家忠诚、热爱自己的国家，这是一个国家软实力的重要组成部分，也是一个国家和社会发展的强大动力。

2. 宽容和公共理性。公民身份制度规定了公民之间地位平等，共同服从高于他们之上的法律权威，共同享有法律规定的权利和义务，相应地公民负有维护与其他个体自由平等关系的公共责任。现代社会，各社会成员之间成为一种错综复杂的网络关系、合作关系而非友谊关系，文化的多样性和人员的流动使公民之间的异质性不断显现，因而实现公民之间的自由平等关系的责任也就转化为如何在各不相同但彼此共存的多元化的生活方式中和平共处，运用公共理性求同存异成为现代公民的重要美德。公共理性意味着公民在参与公共政治生活、讨论政治时，不仅要理性地而非偏激地陈述自己的观点，还要愿意倾听异于自己甚至令人讨厌的观点，甚至要换位思考，尊重他人共同成员的资格和权利，尊重他人的判断和意见，尊重他人的异议，合理区分个人信念与公共理性的界限，寻找重叠共识，以尊重公民平等自由之关系。同时，在日常生活中，宽容异己，不歧视，要求公民体现出优雅的礼仪，遵守规则、程序，礼貌待人，愿意为了他人的自由和权利学会克制自己的愿望和需求。当然，强调对他人的尊重并不意味着任由他人的压迫和欺侮，这并非礼貌而是奴性。尊重和礼貌的需求只是在他人也同等给予你同样的尊重和平等的条件下才是成立的，否则，抗议才是应该选择的公民职责。宽容和公共理性对社会发展的作用只有在矛盾和冲突中通过反面体现出来，一个社会要发展，离不开和谐和稳定的社会局面，当每一个公民都能够有宽容心态，尊重差异、理解个性，这个社会就多一分温暖；当一个公民都能够有公共责任、理性表达自己诉求，这个社会就多一分和谐，这些都从一个侧面推动社会发展。

3. 生态意识。伴随全球化，环境问题成为一个影响人类生死存亡的重大问题。相应地，公民身份须处理人类与自然关系的问题。这是现代公民意识内涵的拓展。关爱地球、维护自然生态平衡、关爱自然的责任成为公民责任的重要内容。随着现代化进程的加快和工业化的发展，人与自然和谐共生问题越来越成为经济社会发展的一个突出问题，过度消费、资源浪费、垃圾围城、资源循环利用困境等都需要我们每一个人树立生态意识，尽自己对社会的一份责任。如果我们每一个人都能够形成适应经济社会发展的消费观念、生活方式，从现在做起、从小事做起，那么美丽中国的梦想就能够早日实现。

总之，富有公共责任感的公民具有自律意识，他不需要强迫，个人精神的尊严感和公共责任感主导着他的行为，促使他坚持权利的同时不会超越权利的界限，履行义务的时候不会削减义务，体现了好公民的美德特征。

阅读与思考：

1. 请从公民参与政治生活角度分析为什么权利不可以放弃。

2. 政治与我们每一个人的生活息息相关，试说明其中的原因并说明我们应该如何参与政治和公共管理。

3. 法大于情应该成为整个社会的共识。试分析其意义和对我们每一个公民的要求。

4. 精致利己主义者最终会影响自身利益，为什么？我们每个人为什么要承担社会责任？

活动设计：

公民是一个具有尊严感和责任感的概念，查阅有关资料，分析研究我国公民为什么缺乏尊严感和责任感，如何才能更有尊严感和责任感。

第十二章　过省察的人生

（思辨与人生）

引言

未经省察的人生是没有意义的。　　　　　　——苏格拉底

提高我们的思辨能力与我们每一个人的自我提升、整体发展、人生幸福密不可分。自我成长需要你诚实地对待自己和他人，能够正视和反思自己的偏见和优缺点。我们的愿望切合实际吗？我们是否有经过深思熟虑的生活计划和目标？缺乏思辨能力的人不能适应变化或新奇的环境，反倒会受到惯例和传统思维方式的束缚，无法解决问题。

—

人生在反省中更为强大

例1：在苏格拉底受到指控被关押后，他的朋友克里同劝苏格拉底逃跑，苏格拉底说，"我的本性从来都是决不会听从任何朋友的建议，除非我反思证明这是理性所能提供的最好方案。我不能简单因为

目前的遭遇就放弃以往采用的认证"，他接着说，"当我决定住在雅典并在此抚养子女时，就已经承诺接受城邦的所有裁决，逃跑违背了这个承诺。如果背弃对城邦的承诺，就会对城邦造成伤害"。最终，苏格拉底被处死，他留给我们的不仅是忧伤，还有他对人生真谛的审察和思考。

苏格拉底被处死了，但他死得那么明白、那么富有正义感、那么令人崇敬，因为他想明白了自己一生追求的是什么。

一些心理学家和精神病学家认为，缺乏思辨能力的人不能正确认识自我和社会，因而往往会导致更多"生活困扰"，比如，放纵、焦虑、自卑、患得患失、甚至抑郁症。虽然抑郁症的生物化学成分需要治疗，但缺乏思辨能力会加重抑郁症，甚至是导致某些情境性抑郁症的重要因素。患有抑郁症的人在某些特定场合会感觉自己被彻底击垮，以至于无法做任何决定。

尽管没有证据表明，提高思辨能力是包治百病的万灵药，能够帮助人们更有效地处理生活中的问题。但是，我们应该听从认知心理学家的建议，不要把问题看成无法控制的，而是要掌握控制自己生活的策略，制定能够实现的目标，发展自己解决问题的技能。

古希腊著名哲学家伊壁鸠鲁说，"认识错误是拯救自己的第一步。"古罗马哲人塞涅卡对它的解读是："一个人要是尚未认识到自己有做错事，他是不会有改正错误的愿望的。更有甚者，有人吹嘘自己的错误，我敢肯定这些把自己的错误当美德的人绝不会主动要求医治他的错误。谁要拯救自己，谁就要尽其所能暴露自己的错误。人必须对自己严厉些，你要先当原告，然后做法官，最后才做辩护律师，把对你的审问引向所有对你不利的证据。"

看来，古代的先哲已经将自省当作一种自觉的行为了，他们所推崇的"自省意识"千百年来也一直作为精神财富施惠于人类。可是，在这个日渐浮躁的时代，我们面临着这样的尴尬：一方面是特质生活的高度富裕，另一方面却是精神世界的极度贫穷——自省意识的缺失便是明证。每当我们惹了麻烦，做了错事，伤害了他人，我们首先想到的不是主动承认错误而是如何逃避责任；每当我们遇到考试失利、求职碰壁、壮志难酬的困境时，我们最先想到的不是自身的努力的不足、实力的欠缺、能力的差距，而是习惯在悲伤、沮丧、愤懑的同时，将自身的过失和失利的原因归咎于他人的干预和外在的环境，唯一缺乏的是对自身灵魂的拷问和深沉的自省。于是我们对心灵的防护能力和对神经的调控能力，越来越差，陷入困境的我们往往要在痛苦的深渊里艰难地挣扎，却难以及时觅到走出苦难的出口和冲击成功的出路。

苏格拉底说，"未经省察的人生是没有意义的。"曾参对于自省也有著名的论述："吾日在省吾身，为人谋而不忠乎？与朋友交而不信乎？传不习乎？"这"三省"说了两个方面，一是修己，一是对人。对人要诚信，诚信是人格光明的表现，不欺人也不欺己。替人谋事要尽心，尽心才能不苟且，不敷衍，这是为人的基本德性。修己不能一时一事，而要贯穿整个人生，要时时温习旧经验，汲取新知识，不能停下来，一停下来就会僵化。

就像一个人每天要洗脸除垢维新一样，我们在精神上是否也要有这样的行为呢？孔子说，"见贤思齐焉，见不贤而内自省也。"其实反省是作为一个对自己负责并要求进步的人的基本要求，通过反省我们可以及时调整自己的心态，修正自己的方法以及明确自己的方向，就像司机要手握方向盘时常左右摆动车辆方向一样，我们的思想和内心也要时常修正自己的行为，让自己不至于出轨和迷途。

"过而能改，善莫大焉"。走错了一步不要紧，重要的是能够赶快回到正路上来。反省并不难，坚持也并不难，如果我们能够每天花时间反省自己，如果我们有一份专注而执着的信念，也许优秀和平庸就在这一分毫的功夫之间。

具备了自省精神的人是强大而不可战胜的。

二

有规划的人生更精彩

例2："生命清单"（朱桂友）

《心灵鸡汤》一书记载了这样一则故事，早在四十四年前，十五岁的约翰.戈达德，就把自己的一生所做的事情开列了一个清单。

"生命清单"每个条目都编了号，共一百二十七条。四十四年过去了，如今五十九岁的戈达德已经实现了一百零六个目标。他做了无数的远行和探险。成为电影制片人、作家和演说家，得到了许多荣誉，并被接纳为英国皇家地理学会的成员和纽约探险者俱乐部的成员。

戈达德的"生命清单"，不仅仅因为他实现了许多有意义的目标，更因为他在追求这些目标过程中所倾注的那种矢志不渝的热情和持之以恒的坚韧。这为我们每一个人提出了一个问题，我们有没有一张"生命清单"。

"生命清单"是一种具体实在、有目的的理想、有目标的追求，它是你奋斗的动力。而我们有些人恰恰没有这样一种灵性、这种思考，更没有这样的决心和毅力。在优越的环境里，诅咒时运不济、抱怨机遇不均，哀叹人生的无奈。有些人则有"远大的理想"、"宏伟的志向"，但他只是生活在幻想之中，每天海市蜃楼般规划着自己的未来，缺乏脚踏实地的精神。这种人志大才疏，是十足的空想主义者。有些人本来天赋很好，素质不错，但就是怕吃苦、怕流汗，往往到头来一事无成，这种人也没有多大出息。有些人活得更悲哀，压根就不知道人生目标为何物，一天二十四小时，天天混日子，不知道今天应做什么，不知道明天要做什么，让生命在不知不觉中耗损。

其实，有志之人，列一张"生命清单"并不难，难的是矢志不渝地去完成它。追求是一种志向，完成是一种艰苦的过程，需要流汗、流泪，有时还得流血，甚至以生命为代价。戈达德在这种目标的过程中，先后曾经历过十八次死里逃生的考验，表现出了巨大的勇气和信念。有些人一时兴起制定了宏伟的目标，而一旦学习上、生活上、工作上遇到一点点困难、挫折和失败就败下阵来，成为困难和挫折的俘虏。有些人之所以能实现自己的目标，正是因为他懂得：成功离不开脚踏实地的奋斗和坚韧不拔的拼搏。离开脚踏实地、离开了努力拼搏，再宏大的抱负，也不过是夜空中瞬间飞过的流星，至多引起人们一阵惊喜。

人生的意义在于奋斗。容国团说"人生能有几回搏"，冰心说："成功的花儿，人们只羡慕它现时的明艳，然而当初她的芽儿浸满了牺牲的血雨，洒满了奋斗的泪泉。"愿我们每一个同学都有一份"生命清单"，义无反顾地照着这个清单一条一条地去努力完成。如果这样，那我们在回首往事时，就不会因虚度年华而悔恨，也不会因为碌碌无为而羞愧。

现代中学生，被功课的重担所累，没有更多时间思考分析自己的未来，没有为未来做合理的规划，太多的生活不是自己心甘情愿的选择，而是受到外在力量和环境所制约，长期下去，这样的人生是让人担忧。具有思辨能力的人能够掌控自己的生活和选择，而不是为了安全一味地迎合大众的需求，他们思考自己的兴趣爱好和个性特长，分析社会发展的趋势和对人才的要求，并在综合分析的基础上做出正确的判断和选择。

美国哲学家约翰·罗尔斯（1921-2002）写道，为了让我们的人生更精彩，每个人都需要制定一个"合理的人生规划"——也就是，"一个人在经过充分而理性的思考之后做出的计划，也是在完全弄清相关事实，并对后果深思熟虑后选择的计划——当一个人的计划进展顺利，而且伟大抱负得以实现时，他会感到非常高兴。"

在进行人生规划时，用自己的大脑思考和分析十分重要。我们会按照一定的优先级，将最重要的计划列在最前面，后面是一系列的辅助方案。尽管目标越远，计划越难以制定得具体，但我们还是应该根据活动的进程表有序地组织活动。当然，我们并不能完全预测一生当中所有会发生的事情，总会出现阻碍我们实现目标的状况。我们可以把人生计划看成是一次飞行计划，由于天气、风向和其他航行因素，飞机有90%的可能会偏离预定轨道。飞行员必须不断地调整这些状况，使飞机重回轨道。如果没有飞行计划，飞行员们和飞机就只能由风和天气摆布，被刮得失去方向，永远不会达到预定的目的地。

很多人不了解自己，盲目制定自己的人生规划；有的人完全根据外界的推力来确定自己的人生方向；有的人根本没有自己的人生目标，随波逐流，所有这些都会对我们的成长和人生幸福产生消极影响。

从现在开始，重新审视我们的人生计划，首先列出你的价值观、兴趣、特长和技能。如果我们对自己不很了解，你可以去寻求老师、家长、专家的帮助，或者做一些能力倾向和人格测验，这些测验能够使你更了解自己。

但是，不要只列出你的优势，同时也要注意你的弱势，弱势是指某些我们不太擅长或缺乏的事物。另外，不能只分析自身，也要分析社会发展的趋势和对未来人的发展的要求，因为我们每一个人都生活在一定的社会之中。

一旦你把自己的价值观、兴趣、才能、技能和弱势写下来，就可以制定生活目标了。目标可以帮助你组织每天的生活和找到人生的方向。最开始，你可以先列出短期目标，或者说你打算在中学毕业、大学毕业前完成的任务，这些目标应该与自己的兴趣、才能、你将来想成为的人相一致。同时，你也要制定实现这些短期目标的行动计划。

确定人生目标、进行人生规划的过程，是一个思考辨析的过程，是实现自身价值的必经阶段。

三

在挑战中成就自我

例3：1955年马丁·路德·金在阿拉巴马州蒙哥马利市组织了公共汽车抑制活动而被关进监狱。尽管同行的牧师们苦苦哀求他放弃原来的主张，但马丁·路德·金拒绝了。马丁·路德·金有勇气坚持自己的信仰，在《伯明翰监狱的一封信》中，他写道：

"我亲爱的牧师们，我在伯明翰，是因为这里存在不正义——痛苦的经历告诉我们，压迫者绝对不会心甘情愿地给我们自由，自由是要靠被压迫者努力争取来的。你们对我们打破法律的意愿表现出极大的焦虑——这种关心是合理的——一项不公平的法律是不符合道德法则的——任何侮辱人类人格的法律都是不公正的——我认为，一个人去打破自己内心认为不公平的法律，并且心甘情愿地待在监狱接受刑罚，以唤醒整个社会的正义感，实际上，这种行为是对法律所表示的最崇高的尊重"。

马丁·路德·金有自己的信仰、思考和追求，他的思辨坚定了他的信仰和追求，因而面对挑战他丝毫没有退缩，从而成长为一代人权斗士，载入史册。

有时，传统的习惯和信念——既有我们自己的，也有别人的——会阻碍我们实现自己的人生计划。在这种情况下，我们需要向阻碍我们实现目标的传统观念宣战，而不是放弃自己的人生信念。公开质疑传统的价值体系、有力地向根深蒂固的信念发起挑战需要勇气和自信。向传统价值观和传统习惯发起了挑战需要付出代价，但这是思辨者必然面临的挑战。

亚里士多德说："思辨是最大的幸福。"在他看来，幸福不是一个需要达到的目标，而是人类生活的最终目的。幸福不是快乐、荣誉、财富，因为这些是自身以外的它物，不是就自身所选择的事情，不是自足的。亚里士多德又说，幸福只能在合乎德性的现实活动中，在这种现实活动中，思辨是最大的幸福。因为思辨是理智的德性，而理智是人灵魂中最高贵的部分。所以他相信思辨可以使人超越自身，获得永恒。

（一）克制自我：别把放纵当自由

历史上的毕达哥拉斯学派大家都了解，勾股定理就是其数学上的重大成就。但是这一学派有很多规矩大家可能不一定知道了。这个学派的新入学的学生都得宣誓，严守秘密，并终身只加入这一个学派，这一学派还有很多禁忌。可见毕达哥拉斯学派在探索数学奥秘，追求心灵自由的同时，在生活上对自己也做了方方面面的限制。正如毕达哥拉斯所说，"不能制约自己的人，不能称之为自由的人"。只有肉体上的欲望受到限制，心灵上才能谋求更大的自由。

是的，有所节制才会有真正的自由。毕达哥拉斯对数学本质的自觉所求和他们在日常生活中的节制形成了鲜明的对比，可见他们对自由有着深刻的理解。可是，许多人把自由理解为外在束缚的消除，这期间是缺乏思考和辨析的情况下对自由的误解。因为自由来自内心，而非放纵，如果把自由理解成为所欲为，则恰恰背离了自由的本意。

而克制和节制往往更能辉映也人性的光芒。有节制地生活，不让欲望完全操控自己，才可能获得真正的自由和快乐。正如对自由主义深有研究的哲学家柏林所说，"愈是自由的地方，节制愈加可贵；否则自由会成为自由的屠夫"。

（二）挣脱无聊：跌宕起伏才是真正的人生

无所用心，无所事事，没有激情，没有冲动，人因此而感到自己的虚无、沦落、无力、空虚。人们找不到真正的生活目标，找不到自己的位置，不知道做什么好。心灵是如此空洞，于是感觉到了无聊。

帕斯卡尔说，"人的本质在于运动，安谧宁静就是死亡。"其意是告诉我们，世界上最让人不可忍受的是无聊和无所事事。它甚至比劳苦工作更让人不能忍受。于是人们就以辛勤的忙碌和游戏来消遣和排除自己的无聊，用各种事情充实自己的空洞，用热闹和纷扰掩盖自己的心灵空虚，而正是这种忙碌和消遣才是我们最大的不幸和苦难。所以帕斯卡尔说，"唯一能安慰我们的东西就是消遣，可是它也是我们的可悲之中最大的可悲。因为正是它才极大地妨碍着我们想到自己，并且使我们不知不觉地消灭自己。若是没有它，我们就会陷入无聊，而这种无聊就会推动我们去寻找一种更可靠的解脱办法了。可是消遣却使得我们开心，并使我们不知不觉地走向死亡。"

当我们找不到生活的目标，找不到自己的位置，不知道该做什么好的时候，就到了地狱。其实，能够意识到自己无聊，已经不是真正的无聊，真正的无聊是对最不堪忍受的事情处于完全的麻木。意识到无聊正是反省的开始。人的优势在于他有一种基于伟大的原始天性的本能直觉，能够潜在地意识到幸福实际上不在于消遣和娱乐，而在于人生的跌宕起伏。人生不可能平静得像一潭死水，不管是痛苦还是快乐，只要它是真实的和强烈的，就是我们生活中的一部分，有泪水，我们才能珍惜难能可贵的幸福；有奋斗，我们才能细细品味成功的喜悦；有生命的起伏，我们才会在人生的跌宕起伏中感受生命的力量与坚强。

奔跑，而不是静止，才是人生的状态。每个人都在追逐着自己想要的东西，人生是动态的，而静止的人生则是一潭死水，只有时间的自然流失，没有了生命的意义。只有不停地追求，才可以达到自己的梦想。

（三）善于取舍：做大事者不拘小节

有一种说法叫"细节决定成败"，它告诉我们不能忽视生活、学习、工作中的细节，但是把细节做好了，就一定能成功吗？其实，没有一种品质能够决定成功与否。勤奋一定能成功吗？诚实一定能成功吗？都不尽然。

人生在世，需要做的事情很多，小到油盐酱醋，大到齐家、治国、平天下，都要求人们"事必躬亲"。但人的精力是有限的，欲成大事，必须洞察方向，把握大局。正所谓"会当凌绝顶，一览众山小"。只有心无旁骛，才能专心致志。若拘于小节，将精力和时间过度地投放在非原则的琐事之上，"眉毛胡子一把抓"，必然对成大事产生阻碍作用。

但是，不拘小节不是忽视小节、不注重小节，而是不拘泥于小节，不为细节所累。为什么一些人树立了目标却久久不能实现，为什么成大事者总那么少？因为太多人缺少了"不拘小节"的品质和气魄。他们很容易被琐碎的小事分散精力，而成大事者就不同了，认准了目标就勇往直前，就一如既往，抛开了一些不必要的束缚和羁绊，集中精力去做大事。久而久之，差距就拉开了，"拘泥于小节"的人仍然是一般人，而"不拘小节"的人就成就了大事业。

人生道路上需要思考的课题很多，关键在于我们能够有一颗思考的心，辨析各种观点，这样才能有一个幸福的人生。

阅读与思考：

1.为什么反省的人生更强大？试举例分析说明。

2.为什么规划的人生更精彩？中学生应该如何进行人生规划？

3.人生中常常遇到的挑战有哪些？如何应对人生的各类挑战？试举例分析说明。

活动设计：

过有意义和有价值的人生是每一个人的追求。试分析怎样的人生才是有意义和价值的，并说明如何才能过一个有意义和有价值的人生。

参考书目

1. 商务印书馆　[美]朱迪丝·博斯著《独立思考》，2016年5月第1版。

2. 北京大学出版社　吴国盛著《科学的历程》，2002年10月第1版。

3. 中国社会科学出版社　章秀英著《公民意识评价与培育机制》，2012年9月第1版。

4. 教育科学出版社刘铁芳著《公共生活与公民教育》，2013年7月第1版。

5. 中信出版社徐贲著《明亮的对话》，2014年1月第1版。

6. 复旦大学出版社　曹林著《时评写作十讲》，2016年6月第1版。

7. 机械工业出版社　[美]理查德·保罗著《批判性思维工具》，2016年6月第1版。

8. 商务印书馆　叶高翔著《科学思辨二十四则》，2015年1月第1版。

9. 上海人民出版社　[美]汉娜·阿伦特著《反抗"平庸之恶"》，2014年4月第1版。

10. 译林出版社　[美]伊丽莎白·扬-布鲁尔著《阿伦特为什么重要》，2009年1月第2版。

后　记

不忘初心，方得始终。

教书育人，这是教师的基本职责。在长期的教学工作中，我经常想，作为教师，我应该如何教书？我应该育什么样的人？

慢慢地，我意识到，教书不是仅仅授人以鱼，更应该是授人以渔，教给学生最基本的方法和获得知识能力的途径才是最重要的；育人也不是仅仅让学生在考试中得到更多的分数，培养现代社会合格公民才是最主要的目标，也就是现在经常强调的"立德树人"。教师不能仅仅是学生升学的阶梯，更应该是学生精神成长的启蒙者、引领者，而后者才是教师真正的职责所在。

所以，当六年前学校鼓励教师自主研究开发校本课程时，我立即提出申请，并成功开设了《公民的诞生》。我开设这门课的目标是：第一、使学生了解合格公民所应具备的基础知识，如文明礼仪、社会道德、民主法治知识、权利义务知识等；第二、使学生能够积极了解自己内心真正的感受，关注我们周围的世界，积极投身社会生活，提高自己理性思维的能力，提高自己参与社会生活的能力，从而为自身幸福和社会文明进步做贡献；第三、培养具有独立人格、自由思想、维权意识、热心社会文明进步的现代中学生。我跟学生一起研究公民性格（含独立人格、自由思想、正义品性）、公民人文素养（含爱心、宽容、诚信、善良）、公民法治素养（含法治意识、契约精神、民主品性）、公民责任（含爱国情怀、奉献精神、担当责任）、公民能力（含理性表达、维护权益、公共参与）。《公民的诞生》这一由我自主开发研究、学生自愿参加的选修课达到了预期目标。

经过几年的实践，我感到似乎还没有达到我预期的目的，好像我心中所期待的目标没有完全实现。我在想，授人以渔，立德树人，最重要的是什么。经过一段时间挣扎和思想的斗争，我有了自己的结论：培养学生分析思考的习惯、独立思考的能力，让学生自己拥有一双金星火眼，这才是提高公民素养的最重要的内容，用现在流行的话来说，这是学生的核心素养。我意识到，我期待的合格公民就是具备核心素养的公民。教育部颁布的以培养"全面发展的人"为核心的《纲要》，把核心素养分为文化基础、自主发展、社会参与3个方面，综合表现为人文底蕴、科学精神、学会学习、健康生活、责任担当、实践创新等六大素养，而核心的核心是什么呢？我觉得应该是独立思考能力和思辨能力。所以在接受学校新一轮选修课任务后，我理所当然地把我的选修课确定为《思辨与生活》。

无论从学习知识、形成能力、培养情感态度价值观，还是从培养学生的综合素质和能力，抑或培养现代中学生的公民素养，培养未来社会合格公民角度来看，都离不开思考、思辨、思想，一个思考力、思辨力缺乏的学生和公民都是不可想象的，一个不崇尚思想的民族是没有希望的，所以，当《思辨与生活》书稿完成时，我感觉这一阶段的努力没有白费，感觉似乎完成了自己作为一个教师早就有的一个阶段性心愿。

公民教育，追求美好生活背景下的公民教育，全球化背景下的公民教育，这是一个永恒的主题，作为一名教师，我有责任把这一工作做得更好，这是一个教育工作者永远不能忘怀的初心。

2018年11月22日